Jetta Schapiro-Rosenzweig

Sag niemals, das ist dein letzter Weg

AF287101

Unter dem Titel
»Auch wir waren in Ponar - Bekenntnisse einer Wilnaerin«
erschien in Israel eine hebräische Ausgabe des gleichen
Urtextes von J. Schapiro-Rosenzweig
©Beit Lohamei Haghetaot
Mit freundlicher Genehmigung
für den deutschsprachigen Raum

© 2001
4. Auflage 2022
RHEIN-MOSEL-VERLAG
Brandenburg 17, D-56856 Zell/Mosel
Tel. 06542/5151, Fax 06542/61158
www.rhein-mosel-verlag.de
Alle Rechte vorbehalten
ISBN 978-3-89801-005-4
Ausstattung: Cornelia Czerny
Umschlagzeichnung: Samuel Bak

Jetta Schapiro-Rosenzweig

Sag niemals, das ist dein letzter Weg

Flucht aus Ponar – Eine Mutter und ihre kleine
Tochter kämpfen ums Überleben

Aus dem Jiddischen
von Tamar Dreifuß

RHEIN-MOSEL-VERLAG

Dieses Buch widme ich meiner Mutter selig und meinen beiden Kindern Iris und Raphael.

Vorwort

Viele Stunden habe ich mit der Übersetzung dieses Buches meiner Mutter »Auch wir waren in Ponar« verbracht. Die ganze Zeit habe ich die Gestalt meiner Mutter vor mir gesehen. Eine zierliche blonde Frau mit blauen Augen. Eine »arische« Frau. Ihr Aussehen und ihre Russischkenntnisse standen ihr bei. Ihr Lebenswille und ihre eiserne Kraft haben dazu beigetragen, dass wir trotz allem am Leben geblieben sind. Ich bin ihr zu Dank verpflichtet. Dass ich heute ein Leben in einer intakten Familie genießen kann, ist nur Dank ihres Mutes und Durchsetzungsvermögens möglich geworden.

Es bestand eine sehr enge Beziehung zwischen uns. Obwohl ich nach meiner Heirat Israel verließ, wurde diese Beziehung nicht unterbrochen. Wir haben uns fast täglich geschrieben, sind öfter zwischen Deutschland und Israel hin und her geflogen und haben längere Zeit miteinander verbracht. Ich war mehr in Israel als sie in Deutschland. Der Besuch hier war immer mit Erinnerungen verbunden, die sie möglichst vermeiden wollte. Ihre Erlebnisse im Krieg haben tiefe Spuren hinterlassen. Nicht nur seelische, auch körperliche: Herz, Magen, Rheuma. Dies und noch mehr plagte sie bis an ihr Lebensende.

1985 erhielt ich einen Anruf von meiner Tante, dass beide Eltern sich im Krankenhaus befänden. Von einem Tag zum anderen buchte ich einen Flug nach Israel. Ich sah ein, dass die einzige Lösung darin bestand, sie zu mir zu nehmen und hier zu pflegen.

Es fiel ihnen nicht leicht, Israel zu verlassen, doch es gab keine Alternative. Ich habe meine Mutter fast drei Jahre gepflegt. Zum Schluss siegte die Krankheit über sie und sie verstarb in meinen Armen am 30. Oktober 1987. Mein Stiefvater lebte danach noch 10 Jahre bei uns. 1997 ist er mit 95 Jahren verstorben. So ging bei uns eine Epoche zu Ende.

Ich bin froh, dass ich mit meiner Mutter wenigstens die letzten Jahre verbringen konnte. Das Leben hier in Deutschland hat sie nicht mehr sehr gestört. Sie war glücklich, mit ihrer Tochter, ihren Enkelkindern und ihrem Schwiegersohn zusammen zu sein.

Ich bin froh, dass sie dieses Buch geschrieben hat und dass ich es übersetzen durfte. So wird sie bei vielen in Erinnerung bleiben und vielleicht dazu beitragen, dass sich diese Geschehnisse nicht wiederholen.

Tamar Dreifuß

Jetta Schapiro-Rosenzweig

Meine Erinnerungen, die ich schildern möchte, umfassen die Zeit von 1941 bis 1944. Ich möchte, dass meine Generation und auch die Nachfahren diese Überlebens-Erinnerungen kennenlernen. Sie dürfen nicht in Vergessenheit geraten.

Am Ende des Zweiten Weltkriegs war meine Heimatstadt Wilna zerstört. Es war nicht mehr mein Wilna – das jüdische Wilna gab es nicht mehr; auch die Familie von damals gab es nicht mehr. Meine Tochter Tamar und mich hatte das Schicksal übrig gelassen. Zusammen sind wir durch die Hölle gegangen und zusammen haben wir überlebt. Zwar fanden wir meine Schwester Mizia und ihren Sohn Samek bei unserer Tante Jannina – von ihr werde ich viel zu erzählen haben – doch wir erfuhren, dass Jonas, der Mann von Mizia, kurz vor der Befreiung von der Gestapo hingerichtet worden war. Mir wurde zugetragen, dass mein Mann Jascha in einem der deutschen Konzentrationslager ums Leben gekommen ist.

Wenig später gingen wir nach Polen. Dort habe ich Sigmund Rosenzweig kennengelernt. Er verlor während des Krieges seine Frau, seinen Sohn und seine Tochter. In ihm fand Tamar einen liebevollen Vater. Nach kurzer Zeit heirateten wir, und gemeinsam mit meiner Schwester und ihrem Sohn zogen wir nach Israel.

Ich will im folgenden versuchen, einiges von den vielen grauenvollen Geschehnissen jener Zeit zu schildern. Nur ein kleiner Teil davon kann hier zur Sprache kommen, es ist nur ein winziges Stück des Ganzen, trotzdem maßgebend für diese Epoche.

Übersichtskarte: Die Lage von Wilna, Ponar und Tauroggen mit heutigen Grenzen

Der Anfang: Von Wilna nach Ponar 1941

Meine Heimat war Wilna, eine polnische Stadt nahe der litauischen Grenze. Wilna ist auch bekannt unter dem Namen »Jerusalem Delita«. In unserem Wilna erhielten sich viele alltägliche
jüdische Gebräuche und volkstümliche Werte. Nicht nur die
Elite konnte sich mit ihrem Namen rühmen, auch der einfache
Mensch konnte sich dort entfalten. Das besondere an Wilna
spiegelte sich in den Gesprächen zwischen den Holzfällern auf
dem Holzmarkt, auf dem Schulhof in der Judengasse, in einer
der Synagogen, es war das saftige Wilnaer Jiddisch.

1941 war Litauen schon von der Sowjetunion eingenommen
worden und Deutschland hatte Polen schon ganz erobert. In
diesem Jahr brach der Krieg zwischen Deutschland und der
Sowjetunion aus.

Jetzt, da ich den Versuch unternehme zu schildern, was wir
erlebt haben, sowohl in Wilna, unserer Geburtsstadt, als auch
in Ponar, während unserer Wanderungen in der Fremde,
erscheint es sogar für mich, obwohl ich alles tatsächlich erlebt
habe, schwer zu glauben, dass es in Wirklichkeit geschah.

Beim Erzählen wird sich hier und da ein Bild einschleichen
von den guten Zeiten in der schönen Landschaft rund um Wilna, mit ihrem Hügeln ringsherum, dem Wilia-Fluss, den Brü-
cken und Stränden. Nicht zu vergessen die Wangerskastraße
neben dem Bäumemarkt (Holzmarkt). Dort habe ich eine glückliche Jugend in einem angesehenen jüdischen Haus verbracht.

Die Eigenart des Hauses bestimmten Vater und Mutter, jeder
eine Persönlichkeit für sich. Besonders stark ist die Erinnerung
an das Jahr 1940, an die Feste Purim und Pessach[1]. Sie verkör-
pern für uns eine Epoche, die leider zu Ende ging. Das Purimfest (ähnlich dem Karneval) war für uns etwas Besonderes. Die
Geburtstage sowohl meiner Schwester Mizia als auch meines
Bruders Jerachmiel, der damals schon in Palästina lebte, der
Hochzeitstag der Eltern und der Geburtstag meiner Tochter
fielen alle auf diesen Zeitpunkt. Der Ursprung des Festes –
Hamans Niedergang und die Rettung Mordechais und des
Jüdischen Volkes in Persien – dieses Wunder aus der Ester-Rol-

le konnte ein historisches Zeichen mit hoffnungsvoller Bedeutung für die Zukunft sein.

Dies alles geschah, als Wilna von den Sowjets an die Litauer übergeben wurde. Obwohl die Litauer den Juden nicht gut gesonnen waren, konnten wir eine kurze Zeit in Ruhe unser Leben weiterführen.

Das Purimfest war für uns das fröhlichste und interessanteste von allen Festen. Auch in diesem Jahr brachte es Aufregung und Freude in unsere Familie. Wir waren voller Zuversicht, dass alles sich zum Guten wenden würde. Viele Gäste versammelten sich bei uns. Ich kann mich an die Torte erinnern, die meine Schwiegermutter uns schickte. Wiera, die Mutter meines Mannes, deren Name noch öfter im Buch genannt werden wird, war eine Frau von Adel. Sie bestellte die Torte in einer der bekanntesten Konditoreien Wilnas. Ich kann mich erinnern, dass die Torte aus lauter Muscheln bestand und jede war gefüllt mit Eis. In der Mitte war eine besondere Konstruktion, die Licht verbreitete. Selbstverständlich haben auch Hamantaschen und Kreplach (dreieckiges Gebäck, mit Mohn gefüllt und eine Fleischbeilage in Teig) nicht gefehlt. Wiera stammte aus der Familie Riwkind, die in Wilna hoch angesehen war. Leiser Riwkind besaß die besondere Erlaubnis in den Narutz-Seen zu fischen. Ihr Bruder, Dr. Riwkind, war Hals-Nasen-Ohren-Arzt. Etliche aus dieser Familie waren bei unserem Fest anwesend. So wie jedes Jahr, wurde das Fest mit vollen Obstkörben begangen, die ins Haus geliefert wurden. In Anbetracht dessen, dass die Hauptbeschäftigung unserer Mutter in der Führung eines Obst- und Gemüsegroßhandels bestand, durfte das Obst im Haus nicht fehlen.

Die ersten, die zum Fest kamen, waren Mizia, meine Schwester und ihr Mann Jonas. Sie reihten sich in die Festgesellschaft ein und standen wie üblich in ihrem Mittelpunkt. Trotz der guten finanziellen Lage unserer Familie hatte sich im Unterbewusstsein die Sorge verbreitet, die in einer Bemerkung meiner Mutter zum Ausdruck kam. Dies hatte sie in jiddisch gesagt:

»Gott soll geben, meine Kinder, dass unsere Lage sich nicht verschlechtern soll, ›nicht schreib und nicht meck‹.«

Die Weine in unserem Haus brauchte man nicht anderweitig zu besorgen. Eines der Hobbys meines Vaters war die Weinherstellung. Hunderte von Weinen verschiedener Sorten befanden sich in unserem Keller. Jede Weinflasche war mit einem Etikett versehen auf dem das Herstellungsjahr und die Art der Zubereitung genau verzeichnet wurden. Im Obst- und Gemüsegroßhandel hatte meine Mutter die Oberhand. Sie leitete dieses Geschäft mit großem Elan und die Angestellten gehorchten ihr aufs Wort. Mein Vater war mit seinen Hobbys beschäftigt, denn außer dem Wein hatte er noch andere.

Die Gäste tranken »Lechaim« und die gute Laune stieg im Laufe des Abends. An diesem Tag war auch der Geburtstag meines Bruders Jerachmiel. Auf sein Wohl wurde ebenfalls so manches Glas gehoben.

Am Purimfest pflegte mein Vater Weinflaschen an seine engsten Freunde zu verteilen. Sie alle waren »koscher lepesach« (geeignet zum Verzehr am Pessachfest).

Beim Erwähnen des Wortes Pessach kommen mir Erinnerungen an die früheren Zeiten vor 1940, an die Pessachfeste bei uns im Hause. An Großvater mit seinem weißen Kittel. Er leitete den Sederabend genau nach den religiösen Vorgaben, angefangen bei der gründlichen Säuberung des Hauses bis hin zum Herrichten des Sederabends. Die Leckereien zu Pessach waren uns Kinder am liebsten. Sie wurden immer versteckt, doch wir hatten sie vorher im Geheimen ausgekundschaftet und genascht. Unsere Mutter hatte es ganz und gar nicht gut gefunden und war außer sich vor Wut. Ich erinnere mich an meines Vaters Worte: »Sich aufzuregen über solch' Lappalie hat wenig Sinn. Bei ›Beszetnikes‹ (bei Kinderlosen) wäre es nicht passiert. Bei uns ist es eben passiert, also soll es ihnen wohl bekommen. Alles, was sie gegessen haben, soll aus der richtigen Stelle rauskommen und es soll, um Gottes willen, nicht drinnen bleiben.«

Es sind so viele Erinnerungen, die in meinen Kopf herumschwirren! Diese Volkstümlichkeit und Herzlichkeit, die in unserer Familie herrschte, ist mit Worten nicht auszudrücken.

In unserer Familie gab es viele Persönlichkeiten, und jede verkörperte etwas besonderes. Eine davon war mein Opa, Vater meiner Mutter, der mit zwanzig Jahren erblindete. Er war ein Wissenschaftler im technologischen Bereich. Bei einem seiner Experimente verletzte er seine Augen. Trotz aller ärztlicher Bemühungen blieb er blind. Der »blinde Techniker« wurde er in Wilna genannt. Trotz des Unglücks wurde er durch verschiedene Erfindungen bekannt. Er wurde zu sämtlichen Wohltätigkeitsveranstaltungen eingeladen. Er konnte eine Maschine auseinandernehmen und wieder zusammenbauen vor dem staunenden Publikum. Er pflegte mit einer besonderen Maschine herrliche Blumenmuster zu gestalten und dies trotz seiner Erblindung. Sein Name war Arno Nadel.

Als die Russen Wilna besetzten, beschlagnahmten sie mein Nähmaschinen- und Fahrradgeschäft und auch den Gemüsegroßhandel meiner Mutter »Agrimkal – Import und Export Großhandel«. Meine Mutter glaubte damals, dass dies das größte Unglück sei, das uns zustoßen könnte. Zwei Wochen später bekamen wir die Anweisung vom Wohnungsamt, wonach wir innerhalb von achtundvierzig Stunden unsere Wohnung räumen sollten. Diese Wohnung, sechs Zimmer in der Kajaweskestraße Nr. 2a bewohnten unsere Eltern bereits seit einigen Jahren. Das waren mein Vater, Chanan Jochel, meine Mutter Schifra, mein Bruder Izchak und wir selbst mit unserer Tochter Tamar, die damals drei Jahre alt war. Meine Schwester Mizia, ihr Mann Jonas und ihr Sohn Samek wohnten in der Vilnastraße, gegenüber dem Benediktinerinnen-Kloster. Unser ältester Bruder Jerachmiel lebte damals wie erwähnt bereits in Palästina.

Mit der Forderung, die Wohnung zu räumen, brach unsere Welt zusammen. Wir versuchten alles, um für die Auflösung der Wohnung eine Woche Aufschub zu bekommen. Die Antwort war: »Nicht einmal eine Stunde!«

Wir hatten keine Wahl. Wir mussten eine neue Bleibe suchen. Meine Eltern zogen zu Jonas' Eltern, dort bekamen sie ein Zimmer. Als wir eine Wohnung fanden, erklärte man uns im Wohnungsamt, dass sie bereits vergriffen sei. Die letzte Rettung waren zwei Zimmer in Ponar.

Ponar war eine Bahnstation mit ein paar Häusern und Gärten, von Wäldern umgeben. Bis zu diesem Zeitpunkt hatten keine Juden dort gewohnt. Mein Mann arbeitete in einer Ledergerberei als zweiter Ingenieur, ich selbst fand eine Stelle in einem Kooperativ-Laden für Nähmaschinen. Es ging uns nicht schlecht, wir hatten noch Lebensmittel aus der guten Zeit. Unser Kindermädchen Nani war mit uns nach Ponar gekommen und arbeitete für uns wie früher. Aus den Wäldern hörte man immer Geräusche. Die Nachbarn erzählten, dass die Russen dort Betonbehälter für Brennmaterial bauten.

Die Idylle dauerte bis zum 22. Juni 1941. Diesen Tag werde ich niemals vergessen. Ich hatte die gesamte Belegschaft der Gerberei zum Mittagessen eingeladen. Sie sollten um 13 Uhr mit dem Zug ankommen. In der Wohnung war Hektik, man kochte, briet und backte. Jascha, mein Mann, stellte Tische auf die Terrasse, nebenbei hörte er auch Radio, es war zehn Minuten vor Zwölf. Er kam zu mir und sagte, dass ich um Punkt 12 Uhr auf die Terrasse kommen solle, weil eine wichtige Meldung durchgegeben werde sollte. Dann war es zwölf Uhr. Wir standen alle auf der Terrasse und hörten die Meldung:

»Achtung, Achtung, hier spricht Molotow. Heute Vormittag haben die Deutschen uns angegriffen. Der Krieg zwischen der Sowjetunion und Deutschland ist ausgebrochen.«

Plötzlich hörten wir den ersten Aufprall einer Bombe, die in unserer Nähe explodierte. Die Fensterscheiben gingen zu Bruch. Dann wieder eine Explosion. Der Tunnel von Ponar wurde bombardiert. Wir waren wie versteinert. Dann liefen wir rasch in den Kartoffelkeller und versteckten uns dort. Nach einer Weile wurde es ruhiger und wir gingen hinaus auf die Straße. Dort begegneten wir Leuten, die offenbar die Meldung im Radio nicht gehört hatten. Sie hatten gedacht, es handele sich um Militärübungen. Doch schon am nächsten Morgen sahen wir auf der Straße hinter unserem Haus deutsche Soldaten auf Motorrädern, Militärfahrzeugen und auch Panzer.

Kurz vor dem Einmarsch der Deutschen hatten wir in Ponar einen Angestellten der NKWD kennengelernt. Der Abstammung nach war er Jude, aber er war mit einer Christin verheiratet. Er pflegte die jüdischen Familien zu besuchen und hatte uns dabei nicht ausgeschlossen. Die Wahrheit ist, dass wir davon nicht begeistert waren. Die ganze Zeit führten die Russen Kolonnen von Häftlingen durch Ponar nach Russland. Eine Kolonne hatte sich bei uns auf dem Bahnhof aufgehalten, und wir eilten dorthin, um den Gefangenen zu helfen. Sie baten um Wasser, und wir reichten es ihnen. Das hatte dem Angestellten der NKWD nicht gefallen. Er fand, wir sollten den »Kulaken« nicht helfen. Diese Leute wurden zur Zwangsarbeit nach Russland transportiert, und wir waren seit diesem Zwischenfall überzeugt, dass er auch bei uns nach »Kulaken« suchte, um sie zu verschleppen.

An dem Sonntag, als der Krieg anfing, kam er zu uns und bot uns an, mit ihm zu fliehen. Er sagte, dass ihm ein Auto zur Verfügung stünde, wir sollten keine Zeit verlieren, schnell unsere Sachen packen und mit ihm gehen. Wir bedankten uns bei ihm, doch auf seinen Vorschlag gingen wir nicht ein. Damals konnten wir uns nicht vorstellen, dass man alles zurücklassen kann, dass wir unsere Familie, die sich in Wilna befand, zurücklassen könnten, ohne uns von ihnen zu verabschieden. Mit diesem Gedanken konnten wir uns nicht abfinden.

In Ponar wohnten noch zwei andere jüdische Familien. Familie Mandelbaum – ein reicher Kaufmann aus Wilna mit Frau und Tochter – und ein zweites Ehepaar, etwa fünfzig Jahre alt, aus Litauen: Familie Panis. Sie zitterten vor Angst, denn sie wussten nicht, wo sie ihr Gold und ihren Schmuck verstecken sollten. Bald zog das Ehepaar Panis zu uns. Am dritten Tag des Krieges hörten wir vom Wald, der hinter unserem Haus lag, Maschinengewehrsalven. Doch wir wussten nicht, was es zu bedeuten hatte. Die Nachbarn erzählten uns, dass dort Juden hingerichtet würden. Aber das konnten wir nicht glauben, wir dachten, dass es antisemitische Äußerungen seien.

Das tägliche Leben hatte sich wieder etwas normalisiert; Brot konnte man schon wieder kaufen. Ich traute mich auf die Straße und reihte mich in die Warteschlange ein, um einen Laib Brot zu bekommen. Zu meinem Entsetzen sah ich ganze Kolonnen von Menschen, ein paar Hundert an der Zahl, die an uns vorbeigetrieben wurden. Vorne gingen die Jungen, die noch imstande waren zu gehen, hinter ihnen Alte, Behinderte und Kranke. Ich versuchte in den Menschenkolonnen Leute zu finden, die ich vielleicht kannte, doch meine Augen waren so blind von Tränen, dass ich niemand erkennen konnte. Jetzt wusste ich, dass meine Nachbarn die Wahrheit gesprochen hatten. Ich eilte nach Hause, zog die Rollläden herunter und schrie Joschka, meinem Mann, zu: »Verstecke dich, man schießt Juden nieder!«

Gegenüber unseres Hauses stand eine Villa, die von Deutschen besetzt war. Wir konnten sehen, wie man dort Menschen jüdischer Abstammung hineinführte. Jeder bekam eine Schaufel in die Hand, und zwei Polizisten trieben sie auf den Wald zu. Eine viertel Stunde später hörte man schon Schüsse. Die Kinder kletterten auf die Bäume, damit sie besser sehen konnten. Man erzählte uns, dass dort von etwa zwanzig Menschen Gräber geschaufelt würden. Sie schaufelten ihr eigenes Grab. Wir zählten die Schusssalven und waren schon bei der 15. Salve angekommen. Das bedeutete, dass bereits 300 Menschen dort niedergeschossen worden waren.

Vier Nächte waren wir mit dem Eingraben und Verstecken von wertvollen Sachen beschäftigt, als die Nachricht durchkam, dass wir Schmuck, Geld, Gold, Rundfunkgeräte, Fahrräder und Proviant bei der deutschen Kommandantur abgeben müssten.

Ganze Nächte haben wir gegraben, um unsere wertvollen Sachen zu verstecken, doch allmählich wurde uns bewusst, dass das überhaupt nicht so wichtig war. Nun kam es nur noch darauf an, überhaupt am Leben zu bleiben. Wir mussten erkennen, dass unschuldige Menschen ums Leben gebracht wurden, deren einziges Vergehen es war, Jude zu sein. Mit diesem Gedanken zu leben war sehr schwer. Wir trösteten uns damit, dass alles ein böser Traum sei, der bald zu Ende gehen würde.

Aber der Wahrheit mussten wir doch ins Auge sehen, und uns wurde klar, dass die Gräueltaten im Wald bekannt werden mussten, damit die Juden in Wilna erfuhren, dass sie nicht zur Arbeit geführt wurden, sondern in den Tod.

Uns war es zunächst wichtig, für die Männer, Jascha und Herrn Panis, ein Versteck zu schaffen. Wir stellten eine große Kiste in den Keller und deckten sie von allen Seiten mit Kartoffeln zu. Für die Atemluft gab es einen großen Behälter, von dem ein Schlauch an einer versteckten Stelle herausführte. So waren die beiden geschützt und konnten atmen.

Eine ganze Kompanie Litauer kam ins Dorf. Sie standen unter dem Befehl eines Mannes namens Kosiok. Schon seinem Gesicht sah man den Verbrecher an. Die Aufgabe der Litauer war es, die Gräber im Wald mit Sand zuzuschütten und die Kleidung der Toten zu sammeln und mitzunehmen. Abend für Abend luden sie Kleidungsstücke auf einen Wagen und fuhren diese an einen unbekannten Ort. Danach besoffen sie sich jede Nacht, man hörte ihre Stimmen überall im Dorf. Sogar die Gojim – die Nichtjuden – hatten Angst vor Kosiok und seinen Leuten. Jeden Tag kam Kosiok und fragte nach meinem Mann. Ich erzählte ihm, dass er in Wilna arbeitet. Er ging überall durchs Haus, schaute sich um und nahm sich, was ihm gefiel. Er erzählte mir, dass er vorhätte zu heiraten, und zwar das schönste Mädchen im Dorf. Er wünschte, dass ich das Brautkleid für sie herrichtete und auch Schuhe und Ohrringe herbeischaffte. Wenn das nicht geschehe, wollte er meinen Mann und Herrn Panis ausfindig machen und meinte, ich könnte mir dann denken, was mit ihnen passieren würde. Schlecht und bitter war mir zumute, mein Herz hämmerte – was konnte ich nur tun? Wo fand ich ein Kleid für die Braut? Mit Mühe und Not konnte ich ein Kleid auftreiben, allerdings nicht in Weiß, auch Schuhe und Ohrringe fanden sich.

Es war Schabbes; ich saß und wartete wie gelähmt. Dann trug ich den Männern das Essen in den Keller. Ich riet ihnen, sich ein anderes Versteck zu suchen, ich hatte das Gefühl, dass Kosiok über ihr Versteck Bescheid wusste. Ich wartete, und es gingen Stunden über Stunden vorrüber und Kosiok kam nicht.

Auf einmal kam unsere Vermieterin gelaufen und schrie auf polnisch: »Kara Boska! (Gottes Strafe) Die schöne Braut ist heute nacht im Bach ertrunken! Sie ist mit ihren Freundinnen zum Ufer gegangen und da ist es passiert.«

Es schien fast wie ein Wunder, da der Bach gar nicht so tief war. Wir fanden, dass dies ein gutes Omen war, und hofften, dass Kosiok uns unter diesen Umständen ein paar Tage in Ruhe lassen würde. Wie eine Königin wurde die Braut bestattet.

Ich hatte mich inzwischen an das Unglaubliche unserer Lage gewöhnt und versuchte, mich in ihr zurechtzufinden. Ich beschloss, mich nach Wilna zu wagen und mich nach meiner Familie dort umzusehen. Am nächsten Morgen stand ich ganz früh auf. Um mich so unkenntlich wie möglich zu machen, band ich mein Haar mit einem Kopftuch zusammen und machte mich auf den Weg. Von Ponar nach Wilna sind es etwa zehn Kilometer. Die Straßen waren voller deutscher Soldaten. Ein deutscher Motorradfahrer fuhr so dicht an mir vorbei, dass er mich fast überfuhr. Ich bekam einen furchtbaren Schrecken und mir entfuhr eine Verwünschung: »Ein schneller Tod soll ihn ereilen!«

In diesem Augenblick stürzte der Motorradfahrer und war auf der Stelle tot. Ich ging schneller und schaute mich nicht um – ich hatte Angst, dass man mich einholen und beschuldigen würde, an seinem Unfall schuld zu sein.

Der Weg war lang und anstrengend. Als ich morgens in der Stadt ankam, ging ich sofort zur Wohnung meiner Eltern. Sie wohnten damals in der Ignatova-Straße. In der Wohnung fand ich nur meine Mutter und Frau Bak, die Mutter des Ehemannes meiner Schwester. Beide Frauen sahen um zwanzig Jahre gealtert aus. Meine erste Frage war: »Wo sind die Männer?« Sie antworteten, dass die Männer nicht weit von Ponar arbeiteten. Da konnte ich nicht mehr, ich fing an zu weinen. Und ich erzählte, was in Ponar vor sich ging. Wenn die Männer wirklich noch einmal von Ponar zurückkämen, so sollten sie sich schnell verstecken. Als sie das gehört hatten, fingen sie bitterlich an zu weinen. Damals wusste ich noch nicht, dass beide Männer zu diesem Zeitpunkt schon nicht mehr am Leben waren.

Meine Mutter umarmte mich und sagte: »Beruhige Dich, mein Kind, es wird alles gut!« Sie wollte nicht zulassen, dass ich zu meiner Schwester ging. Sie wies mich an, nach Hause zu gehen und mich um meinen Mann und mein Kind zu kümmern. Und so bin ich nach Ponar zurückgekehrt.

Täglich hörte man Schüsse auf den Straßen. Juden wurden erbarmungslos zusammengeschossen. Täglich ergingen neue Befehle, die Juden zu verfolgen. Ein deutscher Polizist kam in unsere Wohnung und sah zufällig unser Radiogerät auf dem Tisch stehen. Wütend schrie er uns an. Ich nahm sofort das Gerät und legte es in den Puppenwagen meiner Tochter. Ich sagte: »Das Ding ist schon lange kaputt, das Kind spielt nur damit.«

Jeder Tag, der vorbeiging, brachte uns Angst und Schrecken. Mein Rücken schmerzte vom täglichen Beugen über die Kartoffelkiste und beim Neuordnen der Kartoffeln darum herum.

Nani, unsere Kinderfrau, nahm aus unserem Proviant täglich mit, was ihr gefiel, als ob es schon ihr gehörte. Wie kann sich ein Mensch so ändern? Immer war sie die Liebe in Person gewesen – und jetzt? Eines Morgens sagte unsere Vermieterin, dass die Deutschen auch die Angestellten von Juden verfolgten, sie müsste sich auf das Schlimmste gefasst machen. Am gleichen Tag noch war Nani ohne Wiederkehr verschwunden.

Die Tage wurden immer schrecklicher. Man erzählte, dass alle Juden ins Ghetto getrieben werden sollten. Wir hofften, dass das Schießen nun einmal aufhören würde, aber es wurde mehr und mehr. Unsere Rollläden waren schon lange fest geschlossen, aber die Schreie von Frauen und Kindern wurden stärker und stärker, sie drangen uns durch Mark und Bein. Es kam uns vor, als ob es in Wilna gar keine Juden mehr geben könnte. Die Leute erzählten, dass man Jung und Alt zum Tode führte, dass die Kinder bei lebendigem Leibe mit den Alten begraben würden, dass auch Nichtjuden und sogar Geistliche brutal ermordet würden.

Es war bitter und finster in unseren Herzen. Unsere Tränen waren schon ausgetrocknet, wir schauten uns gegenseitig an und konnten es nicht fassen. Lebten wir denn in einem Schlachthaus? Und trotz allem, was uns Tag für Tag begegnete, verließ uns die Hoffnung nicht. Eines Tages – bald – würde das alles vorbei sein und wie ein böser Traum enden.

Die Geschichte von Tante Jannina

Wer ist Tante Jannina? Von ihr muss jetzt erzählt werden.

Jannina war die Schwester meines Vaters. Unser Opa – der Vater meines Vaters – lebte in einem Dorf, wo er einen Hof gepachtet hatte. Alle seine Söhne schickte er nach Wilna, damit sie dort studieren konnten. Die älteste Tochter wanderte in die USA aus. Die kleinste, Chanale, blieb zu Hause, ihr Vater sorgte für sie, lehrte sie die jüdischen Gebete zu lesen und jüdisch zu beten. Ihre Freunde und Freundinnen waren allerdings Christenkinder. Mit ihnen spielte sie in Wald und Feld. Gott hatte ihr ein schönes Gesicht und eine schöne Stimme beschert, sie sang und tanzte wunderschön. Der reichste Mann im Dorf, der die größten Äcker gepachtet hatte, fand Gefallen an ihr und lockte sie oft mit Süßigkeiten und Geschenken in sein Haus. Eines Tages war Chanale verschwunden. Man suchte sie überall und glaubte schließlich, sie sei im Teich ertrunken oder im Wald verschwunden.

In Wahrheit aber hatte der Pächter sie entführt und in das Benediktinerinnen-Kloster von Wilna gebracht. Dort wurde sie getauft und bekam den Namen Jannina. Neun Jahre vergingen, da begegnete mein Vater einer Schar junger Mädchen, einer Schulklasse in langen schwarzen Kleidern, die von Nonnen vorbeigeführt wurde. Er dachte: »Solche hübschen Mädchen sollen Nonnen werden?« Er schaute sie aufmerksam an und merkte, dass auf einmal ein Mädchen aus der Gruppe ins Kloster zurücklief. In diesem Augenblick erkannte er seine Schwester und schrie: »Chanale, Chanale!« Aber sie verschwand im Kloster. Damals war sie schon in der achten Klasse des Gymnasiums und besuchte gleichzeitig das Konservatorium.

Diese Begegnung beunruhigte meinen Vater sehr. Er fuhr zu Opa ins Dorf und erzählte ihm, was er erlebt hatte. Danach fuhr

Opa ins Kloster, aber dort stritt man alles ab. Er ging sogar mit der Polizei hin, aber das war auch umsonst. In den Listen, die man ihm zeigte, wurde sie unter einem anderen – adligen – Namen geführt. Man berichtete uns, dass sie an dem Tag, als mein Vater sie erkannte, zu einer reichen adeligen Familie in Kafkas verbracht worden war. Es war die Familie des Gutsbesitzers aus unserem Dorf. Sie heiratete dort einen Ingenieur aus dieser Familie, der bei Ölbohrungen arbeitete. Er war viel älter als sie und ein edler, anständiger Mann.

Auch sie hatte ein trauriges Schicksal. Während der russischen Revolution, als sie schon Mutter von drei Söhnen war, sperrte man alle Aristokraten ein, dabei auch ihren Mann. Sie blieb mit den Kindern allein zurück. Doch sie war eine unerschrockene Frau und es gelang ihr schließlich, ihren Mann zu befreien. Sie kaufte ihn mit ihrem wertvollen Schmuck frei. Mit der Eisenbahn flüchteten sie von Ort zu Ort. Eine Typhus-Epidemie nahm ihnen ihre drei Söhne. Nach vielen Irrwegen erreichten sie schließlich Kowna in Litauen. Dort konnten sie sich niederlassen; ihr Mann bekam eine gute Stellung, sie konnten eine Zeit lang ein normales Leben führen und sie bewohnten ein schönes Haus.

Die Sehnsucht, ihre Familie wiederzufinden war groß, aber Kowna und Wilna waren durch eine »eiserne« Grenze getrennt.

Auf einer Reise nach Paris lernte sie einen Priester kennen, der ein Freund der Juden war. Sie zeigte ihm Fotos aus ihrer Kindheit. Auf einem dieser Bilder war mein Vater in einer Werkstatt für Textilmaschinen abgebildet. Zu ihm kam eines Tages der Priester in die Werkstatt. Er befragte ihn über seine Familie und er erzählte ihm von seiner verschollenen Schwester Chanale, die jetzt in Kowna wohne und versuchte, etwas über ihre Familie zu erfahren. Damals war sie wieder Mutter eines Sohnes, den sie in Kowno geboren hatte. Mein Vater war voller Freude, auf diese Weise wieder eine Spur von seiner Schwester erhalten zu haben. Er erzählte dem Priester alles über seine Familie. Wir Kinder erfuhren nichts von diesen Tatsachen, aber unsere Mutter war genau informiert.

Damals waren wir in unserer Sommerwohnung, nicht weit von Wilna entfernt. Unser Opa wohnte bei uns, alle seine Kinder außer meinem Vater waren nach Amerika ausgewandert. Vater erzählte uns, dass eine Jugendfreundin zu uns auf Besuch gekommen sei. Freitags um fünf Uhr erschienen meine Eltern in Begleitung einer eleganten Frau. Ihren Sohn hatte sie bei dem befreundeten Priester zurückgelassen. Alles war für den Sabbath vorbereitet. Auf dem Tisch lag eine weiße Sabbathdecke, die Sabbathkerzen brannten, die Chalot (zwei geflochtene Hefeweißbrote) waren mit einem weißen Tuch bedeckt, und, nicht zu vergessen, da stand der Wein zum Kiddusch[2], dem Sabbathsegen. Alles wartete auf Opa. Endlich kam er aus der Synagoge.

Alles saß um den Tisch herum, Jannina zwischen uns, sie war wie versteinert. Sie beobachtete ihren Vater und konnte sich kaum zurückhalten. Opa war mit dem Ritual beschäftigt und schaute gar nicht in ihre Richtung. Auf einmal hörten wir, wie unser Gast bitterlich weinte. Opa wandte sich ihr zu und fragte: »Warum weinen Sie denn?«

Da stand sie plötzlich auf, kniete vor ihm nieder und sagte auf polnisch immer wieder: »Vater, verzeihe mir!« Ihre Muttersprache Jiddisch hat sie inzwischen vergessen.

Opa war wie versteinert. Er hatte Tränen in den Augen, legte seine Hände auf ihren Kopf und sagte: »Mein Kind, ich verzeihe Dir! Alles das, was geschehen ist, war nicht deine Schuld. Gott wird Dir verzeihen, ich habe es schon getan. Das war Schicksal. Dich trifft keine Schuld. Böse Menschen haben das auf ihrem Gewissen. Du warst damals noch ein Kind.«

Jetzt hatten wir alles begriffen, und von diesem Moment an war die Verbindung zwischen uns und Jannina wieder hergestellt. Sie besuchte uns dann noch dreimal; beim dritten Mal war unser Opa nicht mehr am Leben, er starb im Alter von 90 Jahren. Sein Tod hat uns sehr mitgenommen. Jannina beteiligte sich an der Errichtung seines Grabsteins.

1939 brach der Krieg aus, und 1940 übergaben die Russen Wilna den Litauern. Damals verkaufte Jannina ihr Haus in Kowna und übersiedelte nach Wilna. Dort wohnte sie mit ihrer Familie in der Schwurzinaistraße. Ihr einziger Wunsch war nun, in der Nähe ihrer Familie zu sein.

Eines Tages kam sie nach Ponar und besuchte uns. Sie bat uns, unsere Tochter Tamar in ihre Obhut zu geben. Sie meinte, dass wir es ohne das kleine Mädchen leichter haben würden davonzukommen.

Um es uns leichter zu machen, erzählte sie von ihren eigenen Schicksalsschlägen, vor allem, wie sie ihre drei Söhne verloren hatte. Es fiel uns sehr schwer, eine Entscheidung zu treffen; wir glaubten, dass wir uns nicht von unserem Kind trennen könnten, aber der Verstand sagte uns, dass Tante Jannina recht hatte. Sie nahm Tamar mit. Am nächsten Tag schickte sie eine Kutsche, um Tamars restliche Sachen abzuholen. Wir versuchten unserer Tochter einzuprägen, dass sie jetzt den Namen Teresa hatte und dass ihre Mutter jetzt Jadwiga und ihr Vater Joseph Scharwinski hießen.

Fluchtversuche

Nach ein paar Tagen kam unsere Nachbarin zu uns. Sie erzählte, dass wir noch in dieser Nacht abgeholt werden sollten; sie hatte es aus einer zuverlässigen Quelle. Auch die Juden aus Landarowa sollten abgeholt und wir sollten alle hingerichtet werden, da angeblich im Ghetto kein Platz mehr für uns sei.

Die Familie Panis war bei uns. Wir bedankten uns bei den Nachbarn und baten sie, auch die Familie Mandelbaum zu benachrichtigen. Wohin sollten wir gehen? Wir waren verzweifelt. Unsere Vermieterin richtete für uns zwei Rucksäcke mit Proviant und warmen Decken her; auch Panis' sollten das gleiche tun. Sie erklärte uns, dass hinter dem »Hinrichtungswald« ein weiteres Waldgebiet läge, in dem ein Förster wohne, den sie kenne. Zu ihm könnten wir gehen. Wenn wir ihn mit Wertsachen bestechen könnten, würde er uns behilflich sein. Sie war bereit, uns den Weg zu zeigen. Einzeln gingen wir hintereinander her. Die Männer trugen die Rucksäcke. Es nieselte und die Straße war finster, wir konnten nur eben das Kopftuch der

Nachbarin erkennen. Wir mussten den Bahnhof von Ponar überqueren, schlichen am Haus des Todeskommandos vorbei und auch am Haus des deutschen Befehlshabers. Es war ein großes Risiko, aber der Wille zu überleben besiegte die Angst. Der Regen wurde stärker. Es waren keine Leute auf der Straße. Seit zwei Stunden waren wir unterwegs – es kam uns vor wie eine Ewigkeit.

Am Eingang zum Wald verließ uns Frau Kaschiozowa. Es sollten noch etwa fünf Kilometer bis zum Haus des Försters sein. Ohne einen Laut verabschiedeten wir uns und gingen weiter. Es ging sehr langsam voran, und wir beschlossen, uns einen Rastplatz zu suchen und bis zum Morgen zu warten. Wir fanden einen einigermaßen trockenen Platz und legten uns dicht aneinander, zugedeckt mit Decken warteten wir bis zum Morgengrauen. Endlich wurde es hell. Wir hörten Stimmen und es wurde uns klar, dass wir immer noch ganz in der Nähe unseres Wohnortes waren. Wir mussten einsehen, dass wir uns verlaufen hatten. Wir versuchten nun, tiefer in den Wald hineinzugehen – kein Haus war weit und breit zu sehen. Wir hatten schließlich Durst und fanden in unseren Rucksäcken sogar Wasser. Auch eine Schaufel hatte uns Frau Kaschiozowa in den Rucksack gelegt. Vor einem Hügel fingen die Männer an zu graben, damit wir Schutz vor Regen und Sturm fänden. Danach konnten wir uns etwas vor dem Wetter schützen. Proviant hatten wir noch für drei Tage.

Am dritten Tag sahen wir ein, dass wir so nicht weiter existieren konnten. Meinem Mann fiel ein, dass neben unserem Haus ein Rohbau stand, dessen Tür- und Fensteröffnungen mit Brettern vernagelt waren. Dort wären wir, so sagte er, besser vor dem Wetter geschützt und könnten uns nachts in unser Haus schleichen und uns mit Essen versorgen. Auch hofften wir auf Hilfe von Frau Kaschiozowa.

Es dauerte 24 Stunden, bis wir wieder in Ponar ankamen, da wir uns nur nachts bewegen konnten. Wir hatten die Idee, ich sollte zu Tante Jannina gehen, die würde für meinen Mann ein besseres Versteck finden. In der Nacht könnte ich ihn aus dem

Haus schaffen. Die anderen hatten auch einen Plan: für Geld und Schmuck sollten die Nachbarn ein Versteck für sie finden.

Allmählich war uns alles gleichgültig. Die Nacht war sehr klar, aber wir gingen trotzdem – wir hatten keine Wahl. Endlich kamen wir an, wir zogen ein paar Bretter zur Seite und waren endlich in dem leeren Haus, wo wir bis zum Morgen blieben. Früh am Morgen gegen 6 Uhr ging ich zur Nachbarin. Sie erschrak sehr, als sie mich sah.

»Lauft weg, nach euch wird gefahndet! Heute Nacht sind welche gekommen und haben nach euch gefragt. Unser Haus haben sie auch beschlagnahmt und sie beschuldigen uns, euch versteckt zu halten.«

Ich erzählte ihr, dass wir im Haus nebenan seien, und dass ich nach Wilna zu meiner Tante gehen wollte, um sie zu bitten, uns ein Versteck zu verschaffen. Ich bat sie, bis zu meiner Rückkehr auf das Haus zu achten. Sie hatte Mitleid mit mir; sie gab mir ein Glas Milch und versprach, nach Kräften zu helfen. Es dürfte nur nicht zu lange dauern, damit ihre Familie nicht in Gefahr käme.

Im Kloster ist kein Platz für Männer

Ich zog ein Kopftuch an und machte mich auf den Weg nach Wilna. Der Weg zog sich in die Länge. Ich hatte Angst vor jedem, der mir begegnete, Angst, dass man mich als Jüdin erkannte. Ich ging zur Wohnung der Tante und hatte wieder Angst, dass ich meiner Tochter begegnen würde und, dass wir uns bei der Begegnung nicht beherrschen könnten.

Zu meinem großen Glück kam die Tante gerade aus dem Haus. Sie erschrak, als sie mich sah, und bat mich, draußen zu warten. Sie ging ins Haus zurück und brachte zuerst meine Tochter zur Nachbarin, damit wir uns auf keinen Fall begegneten.

Im Haus erzählte ich Jannina zuerst, was wir alles durchgemacht hatten. Sie berichtete dagegen, dass sie meine Schwester Mizia und ihren Sohn Samek im Kloster untergebracht hatte.

Sie hatte die beiden aus dem Ghetto in Wilna herausholen können. Auch mich wollte sie ins Kloster bringen; allerdings hatte
sie für meinen Mann und Jonas, den Mann meiner Schwester,
noch keine sichere Bleibe gefunden.

Zunächst bereitete Jannina mir eine warme Mahlzeit und half
mir, mich etwas hinzulegen und zu entspannen. Aber das war
mir unmöglich. Ich bedachte den Plan, den mein Mann sich
ausgedacht hatte. Er wollte mich im Kloster in Sicherheit bringen – aber das bedeutete Trennung – und ich wollte lieber mit
meinem Mann zugrunde gehen als ihn allein zu lassen. Ich lag
da und weinte, und Jannina sprach mir gut zu. Sie wollte versuchen, die Klosterfrauen zu überreden, dass Jascha bei mir
bleiben dürfe. Auch Mizias Ehemann hatte darum gebeten, mit
ins Kloster kommen zu dürfen. Aber im Kloster gab es keinen
Platz für Männer. Trotzdem hoffte Jannina, dass die gutherzi-
gen Nonnen ihr helfen würden, für die Männer auch eine Bleibe zu schaffen. Am Abend mietete Jannina eine Kutsche und
wir fuhren zum Kloster, das sich in der Wilnaer Straße befand.
Wir betraten zuerst die Kirche. Meine Tante wies mich an, nie-
derzuknien. Sie selbst verschwand in den dunklen Gängen. Ich
blieb allein zurück. Schon schmerzten meine Knie vom langen
knien, da berührte mich Jannina an der Schulter. Mühsam erhob
ich mich und trat aus der Kirche in die Ignazgastraße. Vor einem
schweren Eisentor läutete Jannina an einem Eisenkreuz, das
neben dem Tor hing. Eine Glocke ertönte im Inneren, das Tor
öffnete sich und eine Nonne stand uns gegenüber, ganz schwarz
gekleidet, nur mit einem weißen Schal über dem Kopf. Sie nahm
meine Hand und führte mich, während Jannina zurückblieb.
Wir durchquerten viele Gänge: ein Gang, ein zweiter, dritter
und vierter; Gänge ohne Ende, lang und dunkel. Mir kam es
vor, als ob ich nie wieder aus diesem Labyrinth herausfinden
würde. Dann standen wir vor einer Tür, sie öffnete sich und da
stand Mizia vor mir. Wir umfassten uns und weinten zusammen; ich merkte nicht einmal, dass wir nicht allein bei-einan-
der waren. Mizias Sohn schlief gerade. Das war im September
1941.

Meine Schwester erzählte mir, dass sie sich im Ghetto von unserer Mutter getrennt hatte. Sie hatte die Mutter gedrängt und angefleht, mit ihr zu kommen, aber die Mutter hatte geantwortet: »Ihr Kinder seid noch jung und müsst auch für eure Kinder sorgen und jeden Weg zur Rettung versuchen. Ich selbst will nicht weg, ich will mit eurem Vater zusammenbleiben.«

Nun verstand ich, was das bedeutete: unser guter, lieber Vater war nicht mehr am Leben. Nur wenige Zeit danach ist auch unsere Mutter gestorben.

Jetzt, wo ich diese Zeilen schreibe, erhebt sich wieder vor mir die Gestalt meiner lieben, barmherzigen und klugen Mutter, deren Seele aus den Vernichtungswäldern Ponars zu der unseres Vaters aufstieg. So zu sterben hatte sie sich in den guten Jahren vorher nicht vorstellen können.

Wir weinten die ganze Nacht. Schließlich versiegten unsere Tränen. Am Morgen kamen zwei Nonnen zu uns herein. Die ältere war die Oberin oder Klostermutter, die andere ihre jüngere Schwester, sie war sehr hübsch. Ihr Name war Schwester Lisa. Sie brachten uns Frühstück und wollten von den Ereignissen in Ponar hören. Wie sie uns berichteten, wurden neuerdings auch viele christliche Geistliche nach Ponar zur Zwangsarbeit herangezogen. Sie wiesen uns an, dass wir uns, außer dem Gang zur Toilette, möglichst nur in unserem Versteck aufhalten und dass wir auch die Nähe der Fenster meiden sollten. Nur vier Schwestern wussten von unserer Existenz. Das waren die Oberin Matuschka, Schwester Lucia, Schwester Benedikta und Schwester Malvina, die vom Juden- zum Christentum übergetreten war und nun schon seit vierzig Jahren im Kloster lebte. Ich erzählte ihnen von meinem Mann, der sich immer noch in dem leeren Haus in Ponar inmitten von Mördern verstecken musste. Die Schwestern hörten mit Tränen in den Augen zu und verließen leise das Zimmer.

Mittag- und Abendessen brachte uns Schwester Benedikta. Am nächsten Morgen beim Frühstück sagte ich Schwester Benedikta, dass ich leider nicht bleiben könne. Ich bedankte mich für die herzliche Aufnahme im Kloster. Da mein Mann in so großer Gefahr sei, müsste ich zu ihm zurück. Ich hatte meine

Schwester und ihren Sohn gesehen, vom Tode meines Vaters erfahren und jetzt müsste ich zurück. Ich konnte nicht dort schlafen und essen, während mein Mann Hunger litt und sich verstecken musste. Wenn wir sterben müssten, dann wollten wir zusammen sein.

In der Mittagszeit kamen Matuschka und Schwester Lucia und überbrachten eine frohe Nachricht. Es war beschlossen worden, dass unsere Männer auch ins Kloster gebracht werden sollten. Voller Freude küssten wir den Schwestern die Hände.

Nun war zu überlegen, wie das zu bewerkstelligen war. Da wusste meine Schwester Rat. Sie hatte einen Nachbarn, einen frommen Christen, der uns behilflich sein konnte. Er wollte mit Tante Jannina nach Ponar fahren. Sein Name war Wladek.

Jannina brachte ihn zu uns, und wir machten gemeinsam Pläne, wie man die Männer ins Kloster bringen könnte. Herr Wladek sollte am Abend mit dem Fahrrad nach Ponar fahren und bei Frau Kaschiozowa übernachten. Früh am Morgen sollten sie meinen Mann als Bahnarbeiter verkleiden und mit dem Fahrrad ins Kloster bringen. Nachts, während der Sperrstunde, durfte man nicht fahren.

Alles hatte sehr gut geklappt – am nächsten Morgen um 11 Uhr war mein Mann bei mir im Kloster. Unsere Begegnung war für alle so rührend, dass sogar die Schwestern weinten.

Die nächste, viel schwierigere Aufgabe war es, den Mann meiner Schwester herzubringen. Das war eine große Herausforderung. Er arbeitete in einem Werk unter Aufsicht der deutschen Polizei. Dort wurden Verbrennungsstoffe hergestellt.

Er bekam einen Brief von Wladek, darin stand, er solle sich nach der Arbeit im Feld verstecken und nachts versuchen, einen bestimmten Ort im Wald zu erreichen, wo Wladek auf ihn warten wollte. Am nächsten Morgen in der Frühe wollten sie gemeinsam versuchen, das Kloster zu erreichen. Das alles war ein sehr risikoreiches Unternehmen, aber zum Glück ging alles gut. Für einen Mann mit schwarzem Vollbart war es nicht einfach, ins Kloster zu gelangen. Die Stunden, die wir wartend verbrachten, zogen sich sehr schwer hin – jede Minute kam uns wie eine Ewigkeit vor. Damals dachten wir, dass es nicht schlimmer werden könnte, aber es kamen Tage über uns, wo wir an diese Klosterzeit wehmütig zurückdachten.

Wir wohnten zu fünf Personen in einem Zimmer mit zwei Fenstern, die mit Vorhängen verhüllt waren. Zwei eiserne Betten standen darin. Es war ein bisschen wie eine Kaserne, aber für uns war es ein Paradies des Friedens. In der Diele befand sich eine Toilette mit Duschgelegenheit, noch aus der Zeit der Benediktinerschule. Der Winter 1941/42 war sehr kalt, und die Toilette fror häufig zu. Ich hatte das Amt des Installateurs, kochte täglich Wasser auf und goss es in die Toilette, so dass man sie immer benutzen konnte. Überhaupt hatten wir alle unsere Beschäftigungen. Mein Mann und mein Schwager waren mit der Pflege der Bibliothek beschäftigt. Die Bibliothek des Klosters war sehr umfangreich, und viele Bücher waren beschädigt. Diese Arbeit leisteten sie gern, betrachteten sie als Unterhaltung und als Entgelt für den Aufenthalt im Kloster. Meine Schwester beschäftigte sich mit Nähen und flickte die ganze Unterwäsche der Schwestern. Ich strickte sämtliche Jacken und Pullover der Nonnen. Diese Arbeit war angenehm, und wir verbrachten täglich wohl zehn Stunden damit. An den einsamen Abenden saßen wir zusammen und erzählten uns aus unseren Erinnerungen.

Ich erinnere mich, wie mein Mann von der Zeit erzählte, die er allein in dem verlassenen Haus verbracht hatte. Gegen Abend ging er stets zu Frau Kaschiozowa. Sie gab ihm Essen und berichtete, was alles geschehen war. In unserer Zeit in Ponar hatten wir einen Hund gehabt. Beim Verlassen unseres Hauses hatten wir ihn weggegeben. Eines Tages sah mein Mann einen Hund, der ihm jaulend entgegenkam. Es war unser alter Hund. Im Finsteren saßen sie beide zusammen und beide weinten sie. Der Hund ging ihm nach bis zum Haus von Frau Kaschiozowa und wollte nicht von seiner Seite weichen. Die Frau erschrak und sagte, es sei zu gefährlich. Durch den Hund könnte die Gestapo auf seine Spur kommen und auch sie sei dann gefährdet. So musste sie den Hund an einen anderen Ort bringen.

Samek, mein Neffe, lebte in seiner eigenen Welt. Er malte und zeichnete. Die Nonnen waren begeistert, sie verschafften ihm Papier und Farben. Eines der Bilder ist mir in Erinnerung geblieben: es zeigt Jesus nicht als wehmütigen, sondern als zornigen Gott, voller Zorn wegen allem, was auf der Welt geschieht. Die Nonnen hängten dieses Bild im Kloster auf. Es wirkte nicht wie das Werk eines kleinen Jungen, sondern wie das eines fertigen Malers. Die Ruhe im Kloster und die Orgelmusik hatte eine eigenartige Atmosphäre um uns geschaffen, und das kam in seinen Bildern zum Ausdruck. Auch das, was sich draußen, hinter der Kulisse des Klosterfriedens ereignete, hinterließ tiefe Spuren in seinem Herzen.

So lebten wir ein halbes Jahr. Täglich kamen Horror-Nachrichten aus dem Ghetto. Am Jom Kippur ist, wie wir hörten, unsere Mutter und auch die Mutter von Janusch umgekommen. Wir waren ganz verzweifelt, aber wir wagten kein lautes Wort zu sagen.

Eines Tages kam die Oberin Matuschka zu uns und erzählte, dass sie noch vier junge Mädchen aufgenommen habe, die aus dem Ghetto entkommen konnten. Eine davon war Lolka Feldstein, die Tochter eines bekannten Zahnarztes. Die Oberin war sehr ängstlich, sie erzählte, dass die Deutschen neuerdings auch sämtliche Klöster durchsuchten. So kamen wir zu dem Entschluss, uns eine andere Bleibe zu suchen. Jonas und Jascha gingen mit der Oberin, etwas Geeignetes für uns zu finden. Außer den vier erwähnten Nonnen wusste niemand von unserem Verbleib. Was sie alles für uns geleistet haben, können wir nicht genug anerkennen. Sie setzten ihr Leben für uns aufs Spiel und wir konnten ihnen nichts dafür zurückgeben. Die Nahrung war knapp und sie musste für neun Personen reichen. Dreimal am Tag bekamen wir unser Essen, viermal in der Woche sogar mit Fleisch, sonst mit Milch. So waren wir alle satt, wir konnten uns sauber halten, waren warm und geschützt. Auch Aufmerksamkeit und Liebe wurde uns zuteil; jeden Abend kam die Oberin zu uns herein, und wir konnten ihr viel über unser Leben erzählen, von der Zeit vor dem Krieg, unseren Verwandten und allem anderen. An allem war sie sehr interessiert. Außer ihr kam auch manchmal Schwester Lucia. Sie war in ihren mittleren Jahren und sehr schön. Daher fragten wir sie, warum sie ins Kloster gegangen war, und sie erzählte uns, dass dies seit ihrer Kindheit ihr innigster Wunsch gewesen war. Ihre Familie war ganz dagegen und sie musste kämpfen, um ihr Ziel zu erreichen. Ihre ältere Schwester war bereits im Kloster, sie war ihrer Schwester und ihr selbst ein Vorbild. Es war nicht leicht, dieses Ziel zu erreichen, es gehörte eine gewisse Bildung dazu und vor allem eine große Liebe zu Jesus. Drei Jahre musste sie eine strenge Probezeit in einem fremden Kloster durchmachen. Aber sie bestand alle Prüfungen mit Bravour, und der glücklichste Tag in ihrem Leben war der, an dem sie zu ihrer Schwester ins Kloster gehen durfte. Jetzt waren es bereits zehn Jahre, dass sie in diesem Kloster lebte. Wir haben sie bewundert und geliebt, und jeder ihrer Besuche war für uns wie ein Feiertag.

Wir hatten wenig Kontakt nach außen. Außer Wladek sahen wir nur Lolka Feldstein, die jeden Abend zu uns kam. Sie hatte einen Bruder im Ghetto, aber sie durfte es nicht wagen, mit ihm Kontakt aufzunehmen. Durch sie waren wir von der äußeren Welt nicht ganz abgeschnitten und wussten, was um uns herum passierte. Am wichtigsten war uns natürlich die Lage im Ghetto.

In der Familie war Tante Jannina unser einziger Trost. Durch sie hörten wir alles über meine kleine Tamar, ihre Appetitlosigkeit, ihre Schlagfertigkeit und überhaupt über ihre Entwicklung. Außer für sie sorgte Tante Jannina noch für ein jüdisches Mädchen, dem sie arische Papiere besorgt hatte, und deren Schwester, die in einem Dorf lebte.

Diese beiden Mädchen waren eigentlich unsere Tanten. Das kam so: Unser Opa war sein ganzes Leben lang ein Bauer und führte ein arbeitsreiches, schweres Leben. Als seine Frau starb war er schon 74 Jahre alt. Seinen Weizen ließ er immer im Nachbarort mahlen, der Bauer dort war ein frommer Jude. Dieser hatte eine viel jüngere Frau. So jung und schön sie war, hatte sie doch einen schlechten Ruf und man sagte, ihre Kinder hätten viele Väter. Mein Opa mied sie und spuckte bei ihrem Anblick verächtlich auf den Boden. Als nun aber ihr Mann gestorben und sie eine Witwe war, fing mein Opa an, sie zu besuchen und er brachte Gemüse und Obst von ihr mit. Eines

Tages erhielten wir von ihm durch Bauern aus dem Dorf eine Fuhre Kartoffeln für den ganzen Winter, Gemüse und Obst. Durch sie erfuhr mein Vater, dass der Opa in seinem Alter diese Frau geheiratet hatte. Das brachte meinen Vater in Rage und er wollte von Opa gar nichts mehr annehmen. Es stellte sich aber heraus, dass die Witwe all ihre Kinder gut untergebracht hatte. Mit 45 Jahren heiratete sie unseren Opa und bekam noch zwei Kinder mit ihm, zwei Mädchen. Das eine hieß Sara Guta, das andere Meitke Guta. Das Verhältnis zum Opa wurde wieder besser. Er bat auch meine Mutter, sich der Mädchen etwas anzunehmen, damit sie keine Gojim würden und damit sie etwas lernten. Zumindest Lesen und Schreiben sollte man ihnen beibringen. Er bat sie so lange, die Kinder zu sich zu nehmen, bis sie einwilligte. Meinem Vater war das gar nicht recht, da er immer noch über den Opa verärgert war. Aber eines Tages kam ein Bauer und brachte uns die beiden blonden Mädchen. Mutter sagte: »Kinder, seid doch nett zu ihnen, es sind doch eigentlich eure Tanten.«

Sie hatten sogar eine gewissen Ähnlichkeit mit uns. Doch sie standen in der Ecke und waren ziemlich verstört. Meine Schwester Mizia umarmte sie gleich und gab ihnen auch von unseren Spielsachen ab. Sie waren beide sehr schüchtern und sprachen nur untereinander. Vor uns hatten sie Angst und blieben am liebsten in der Küche. Dort unterhielten sie sich mit den Dienstboten. Mutter bestellte für sie Privatlehrer, um sie für die Schule vorzubereiten, aber sie wollten gar nichts lernen, wir fanden sie richtig »vernagelt«. Wir Kinder versuchten ihnen beizubringen, dass sie lernen sollten und wollten mit ihnen diskutieren. Doch es half alles nichts. Mutter gab sie dann zu einer kinderlosen Familie, die sie betreute – gegen Zahlung natürlich. Als sie 12 und 13 Jahre alt waren und immer noch nicht lernen wollten, beschloss meine Mutter, dass sie einen Beruf erlernen sollten. Wir Kinder sahen sie jetzt nur noch gelegentlich am Sonntag und hatten keinen vertraulichen Ton mehr mit ihnen, schließlich waren wir ja auch erwachsener geworden.

Als mein Opa 84 Jahre alt geworden war, erkrankte er – zum ersten Mal in seinem Leben. Der Arzt sagte, das Leben im Dorf sei zu schwer für ihn geworden. Also kam er zu uns. Vater hat ihm verziehen und er blieb bei uns wohnen. Zwischen ihm und dem Personal kam es wegen der jüdischen Speisegesetze öfter zu Unstimmigkeiten. Von meiner Mutter bekam er jede Woche Geld, aber das trug er immer sofort auf die Bank, als Aussteuer für seine Töchter. Sie besuchten ihn regelmäßig an jedem Schabbat[3]. Da sie ja Tante Janninas Stiefschwestern waren, besorgte diese ihnen arische Papiere. Eine von ihnen beschäftigte sie als Dienstmädchen bei sich, die andere wurde im Dorf auf ihre Kosten untergebracht.

Das Dienstmädchen hieß Helene (Halinka), sie war immer sehr gut zu unserer Tochter in der Zeit, als diese bei Tante Jannina untergebracht war. Sie hat den Krieg überlebt und lebt jetzt in Schaulen und wir sind noch immer mit ihr in brieflicher Verbindung. Die andere Schwester haben wir nach dem Krieg nicht mehr gesehen.

Unser Opa ist mit 90 Jahren gestorben. Bis zu seinem Tod brauchte er keine Brille und hat auch nie einen Stock benutzt. Bis zuletzt hatte er seine eigenen Zähne. Er trug allerdings eine Brille, jedoch ohne Gläser. Wenn man ihn fragte warum, so antwortete er: »Um meine Augen zu schützen.« Wenn die Leute herausbekämen, dass er noch sein gutes Sehvermögen habe, so dachte er, würden sie ihm Böses wünschen und das könnte schlecht für ihn ausgehen. Er vergötterte unsere Mutter und ist mit ihrem Namen auf den Lippen gestorben.

Nun wende ich mich wieder unserem Leben im Kloster zu. Jeden Tag erreichten uns neue schlechte Nachrichten. Es hieß, die Klöster würden durchsucht. Die Bauern wurden daran gehindert, ihre Lebensmittel ins Kloster zu bringen, sie wurden durchsucht und ihre Waren wurden ihnen abgenommen. Trotzdem mussten wir nicht Hunger leiden, denn die Schwestern teilten mit uns jeden Bissen. Schwester Lucia pflegte immer optimistisch zu sagen: »Kinder, nur die Hoffnung nicht verlieren, wir werden Hitler noch überleben!«

Das Versteck im Klosterdach

Jonas und Jascha hatten inzwischen ein Versteck für uns gefunden. Es befand sich unter dem Dach des Klosters. Mit Holzlatten verbauten sie die Dachkante, so dass ein Hohlraum entstand, in dem wir uns wohl verstecken konnten. Tag und Nacht arbeiteten sie daran und trugen auch schon einen Teil unserer Sachen hinauf. Von außen war nichts zu erkennen und vor den inneren Eingang hatten sie ein Fass Wein gestellt, über das man hinwegklettern musste. Der Eingang war eine versteckte Klappe in der Decke, die den Fußboden unseres Verstecks bildete. Von unten konnte man diese Klappe nicht sehen; sie wurde von unten geöffnet und von oben verschlossen. Zwei Wochen haben sie daran gearbeitet. Außer uns und den vier Nonnen wusste niemand davon.

Es war schon Ende März, eine Woche vor dem Passah-Fest[3]. Plötzlich hörten wir Bomben explodieren – Wilna wurde bombardiert. Größere Putzteile flogen von den Wänden, die Gefahr war groß. Wir durften nicht mit den Nonnen in den Bunker flüchten, damit sie unsere Gegenwart nicht bemerkten. Die Oberin und Schwester Lucia waren noch bei uns. Wir wollten sie überreden, in den Bunker hinabzugehen, aber sie wollten uns nicht verlassen.

»Es ist Gottes Wille«, sagten sie. »Was mit Euch passiert, passiert auch mit uns.« Die Bomben fielen auf die Stadt, und wir hatten das Gefühl, dass unser Ende nahe sei und ganz Wilna in Schutt und Asche läge. Die Fenster splitterten und fielen ein, der Geschirrschrank stürzte um und sein ganzer Inhalt fiel zu Boden und zerschellte. Wir gingen in die Diele, die Oberin sagte: »Betet zum lieben Gott, er wird uns helfen.«

Plötzlich war Stille, die Bombardierung hörte auf. Wir gingen ins Zimmer zurück und vor lauter Müdigkeit schliefen wir sofort ein. Wir wussten nicht, wie lange wir geschlafen hatten, als uns Schwester Benedikta aufrüttelte. Sie zitterte am ganzen Leib. Die Gestapo war ins Kloster eingedrungen und wollte es durchsuchen. Die Oberin verlangte einen Durchsuchungsbefehl zu sehen, um etwas Zeit zu gewinnen. Uns ließ sie sagen, wir sollten Schwester Benedikta folgen. So nahmen wir unser bisschen Hab und Gut und gingen ihr nach. Sie half uns, durch die Klappe zu klettern, Jonas war schon oben. Sie verschloss hinter uns die Öffnung, und wir versuchten uns zu fassen und Haltung zu bewahren. Jascha und Jonas waren stolz auf ihr Werk. Wir versuchten uns einzurichten und hofften, dass die Untersuchung bald beendet sein würde und wir in unser Zimmer zurückkehren könnten. Durch die Dachsparren konnten wir die brennenden Kasernen und die Löscharbeiten sehen. Es war ein Wunder, dass das Kloster nicht getroffen worden war, obwohl wir so nahe lagen.

Es wurde dunkel und wir warteten, ob jemand zu uns kommen würde. Die Durchsuchung konnte doch unmöglich so lange dauern. Was war passiert? Wir versuchten zu schlafen, aber Schrecken und Spannung ließen uns nicht zur Ruhe kommen. Auch am anderen Morgen warteten wir vergeblich, dass jemand zu uns kommen würde. Wir hatten kein Wasser und litten großen Durst. Dadurch, dass wir uns so beeilten, hatten wir nichts zu Trinken mitgenommen.

Es war abgesprochen worden, dass fünfmal Klopfen das Zeichen war, dass alles vorüber sei. Aber kein Zeichen ertönte, und unsere Spannung wurde immer größer. Wir mussten annehmen, dass mit den Schwestern etwas passiert war, und es kam uns zu Bewusstsein, dass wir uns selbst umtun mussten, um aus unserem Versteck herauszukommen. Jascha, die Oberin und die Schwestern hatten vorausgesehen, dass diese Situation eintreten könnte und hatten deshalb eine Säge mit ins Versteck genommen. Mit ihrer Hilfe konnte man eine Öffnung in die Dachwand sägen, auf diese Weise entkommen und über den Dachspeicher zu den Dächern des Klostergymnasiums gelangen. Von dort war der Weg zur Straße frei. Wir verbrachten noch eine zweite Nacht in unserem Versteck. Dann erklärte ich, dass ich bereit sei, hinunterzugehen, um festzustellen, was eigentlich passiert sei. Dabei wollte ich auch versuchen, Wasser zu besorgen. Ich hatte Hausschuhe an, so war mein Gang sehr leise, außerdem hatte ich mich in ein schwarzes Tuch gehüllt. Ich wollte mich, wenn die Gestapo mich aufspüren sollte, als Nonne ausgeben.

Ich ging hinunter und zählte auf dem Flur die Türen, an denen ich vorbeikam, um meinen Rückweg wieder finden zu können. Auf einmal sah ich in einem der Zimmer Licht und hörte auch Stimmen. Als ich vorsichtig hineinschaute, sah ich etwa zwanzig Männer vergnügt dasitzen, sie aßen und tranken, von den Schwestern war keine Spur mehr zu erkennen.

Ich rannte zurück zu unserem Versteck, meine Beine waren wie Watte vor Angst und Schrecken. Ich gab das verabredete Zeichen – fünfmal Klopfen – und die Klappe ging auf. Ich berichtete alles, was ich erspäht hatte, und uns allen war schlimm zumute. Uns war klar, dass wir hier herauskommen mussten, und wir überlegten hin und her, was wir tun konnten. Die dritte Nacht brachten wir in Kälte und ohne Wasser zu; zum Glück hatten wir wenigstens warme Decken. Vor lauter Angst vergaßen wir unseren Durst.

Flucht ins Ghetto

Am nächsten Morgen fing Jonas an zu arbeiten. Er musste ein Loch in die Absperrwand sägen, damit wir in den Speicher gelangen konnten. Von dort hofften wir fortzukommen. Das Sägen klang sehr laut, Jonas musste immer warten, bis Geräusche von außen sein Sägen übertönen. Er arbeitete den ganzen Tag, wir anderen warteten voll Spannung und keiner aß etwas. Sogar Samek, der erst neun Jahre alt war, begriff unsere Lage. Er meinte, dass wir am nächsten Tag gegen Mittag sicher heraussteigen könnten – und alles würde gut enden.

Tatsächlich versuchten wir am Tag darauf durch die gesägte Öffnung herauszukriechen. Die Öffnung war sehr klein, nur mit größter Anstrengung arbeiteten wir uns nacheinander hindurch. Jonas war als erster hinausgekrochen. Auf der anderen Seite musste er feststellen, dass fast alle Dachpfannen aufgerissen waren und viele ganz fehlten. Nur über unserem Versteck waren sie noch vollständig erhalten geblieben. In dem freien Dachraum, den wir mit soviel Mühe erreicht hatten, war das Dach so aufgerissen, dass wir von außen vollkommen ungeschützt und gut sichtbar waren. Zudem war auch der Boden des Dachgeschosses voller Löcher und zum Teil ganz aufgerissen, so dass es sehr gefährlich war, dort entlang zu gehen. Nur die Balken schienen noch stabil zu sein. Auf diesen mussten wir – wie Akrobaten balancierend – versuchen, wieder festen Grund zu erreichen. Unter uns klafften mindestens 20 Meter Abgrund. Doch wir waren einer Meinung: wir mussten es wagen! Es war unser einziger Ausweg.

Samek sagte, er wolle es als erster tun. Und so war es: um 12 Uhr Mittags kroch der Junge als erster aus dem Loch und gelangte ohne Schwierigkeiten auf die andere Seite. Dann wagte es Jonas, dann ich und die anderen. Keiner von den Arbeitern unter uns bemerkte uns – es war kaum vorstellbar! Keiner schaute nach oben. Wir gingen eine Treppe, die zum Gymnasium führte, hinunter und kamen zu einer Eisentür, doch die war abgeschlossen. Sie zu durchbrechen war uns unmöglich. Aber über dieser Tür, in etwa drei Meter Höhe, befand sich eine Fensteröffnung. Jonas beschloss zu versuchen, an diese Öffnung zu gelangen. Als guter Turner konnte er so hoch springen, dass er sich an die Fensterbrüstung klammern konnte. Vor lauter Schreck mussten wir die Augen zumachen. Er vermochte es, das Brett, das die Öffnung verschloss, zu ergreifen, er hing am Fenster und zwängte sich mühevoll durch die Öffnung. Wir hielten den Atem an, als er diese waghalsige Kletterpartie vollbrachte. Er war durch seinen Sprung in eine Etage gelangt, die sich über unserem Flur befand, aber das wurde uns erst später bewusst. Einige Minuten vergingen, bis sich Jonas wieder an der Öffnung zeigte. Er steckte seinen Kopf durch die Öffnung und sagte:

»Hier ist eine Klappe nach unten, die ich öffnen kann. Und hier liegen auch Bretter. Die Oberin hat uns erzählt, dass hier der Hausmeister mit seiner Familie wohnt. Hingehen kann da nur eine Frau, die sich als Klosterschwester ausgibt, das kann nur Jettka machen. Jettka, du musst sehen, dass du zu mir heraufkommst. Du musst dich auf die Schulter von Jascha stellen. In der Wand ist ein Haken, auf den musst du steigen und dich dann an der Brüstung festhalten, wie ich es gemacht habe, und dich die Brüstung entlang bis zu der Öffnung weiterschieben. Ich habe hier einen starken Strick, den binde ich an die Brüstung und an meine Füße, und so werde ich dich auffangen.«

Ich weiß bis heute nicht, wie ich das geschafft habe – die Angst war groß, aber der Lebenswille war stärker. Ich glaube, es war ein Wunder – unter normalen Umständen hätte ich das gar nicht schaffen können. Der Überlebenstrieb war stärker als meine Angst.

Wir waren nun in der Etage über der Eisentür, sie lag hoch unter dem Dach. Schnee war hereingeweht, den nahmen wir in den Mund, um unseren Durst zu löschen. Von der Anstrengung war uns heiß geworden, aber bald spürten wir die Kälte. Wir waren viel zu leicht angezogen, Jonas ohne Mantel, ich ohne Jacke. Als erstes ließen wir ein Seil zu den anderen hinunter, meine Schwester band ein paar warme Sachen daran fest, und dann sämtliche Wertsachen, die wir noch besaßen, damit wir den Hausmeister bestechen konnten. Ich nahm alles an mich.

Dann machte Jonas die Bodenklappe auf, und unter uns sahen wir einen großen hohen Saal. Er ließ ein langes Brett hinunter, aber es reichte nicht bis zum Boden. Er hielt es fest, und ich rutschte hinunter, soweit es reichte, das letzte Stück musste ich mich fallen lassen. Ich blieb allein in dem großen Saal. Jonas machte die Klappe zu und kehrte zu den anderen zurück. Ich ging eine Etage tiefer und hörte das Sägen eines Arbeiters. Ich fragte ihn nach der Wohnung des Hausmeisters, und er sah mich neugierig an und meinte, der Hausmeister sei wahrscheinlich zu Hause. Ich ging zwei weitere Etagen hinunter und merkte bald am starken Krautgeruch, dass die Wohnung ganz nahe war. Jetzt war es nicht mehr schwer, den Eingang zu finden. Ich klopfte an, und zwei erschrockene Gesichter blickten mich an – der Hausmeister und seine Frau. Er war der Hausmeister des Gymnasiums neben dem Kloster. Dort war eine Nonne die

Direktorin, mehrere Nonnen arbeiteten als Lehrerinnen. Es war früher eine Schule nur für die polnische Elite.

Der Hausmeister und seine Frau waren bei meinem Anblick sehr erschrocken. Ich erklärte ihnen, dass ich nur eine Nonne vom Kloster sei, die sich verstecken konnte, und nun hören wollte, was mit den anderen passiert sei. Der Hausmeister berichtete, dass die anderen Nonnen verhaftet worden seien, und es sei gut, dass ich mich versteckt habe. Die Nonnen waren von der Gestapo beschuldigt worden, den Flugzeugen vom Klosterdach aus Signale gegeben zu haben, so dass nicht das Kloster, sondern die Kasernen bombardiert worden waren. Die Gestapo hatte daraufhin das Kloster beschlagnahmt und regierte jetzt dort. Einige Nonnen hatten sich, wie der Hausmeister sagte, retten können – wo sie sich aber befanden, war ihm unbekannt, er hatte keine mehr gesehen. Ich bat ihn, mit mir zu gehen und das Eisentor zu öffnen. Dort hätten sich noch einige Nonnen versteckt. Er zitterte vor Furcht am ganzen Leibe, und ich versprach ihm, dass er das nicht umsonst machen sollte. Wir würden uns erkenntlich zeigen. Damit gab ich ihm unsere Wertsachen. Er schien etwas beruhigter und ging zusammen mit seiner Frau auf die Tür zu.

Als er die Tür öffnete und sich zwei Männern, einem Kind und fünf Frauen gegenüber sah, bekreuzigten sich seine Frau und er vor lauter Schrecken. Wir alle fielen auf die Knie nieder und baten um Erbarmen. Ich sagte den Meinen: »Gebt ihnen alles, was Ihr noch habt, sie werden es nehmen und uns helfen!«

Tatsächlich nahmen sie alles an und führten uns in ihr Heim. Der Hausmeister gab uns zu verstehen, dass wir uns nicht lange bei ihm aufhalten könnten. Jeden Moment könnten Gestapoleute bei ihm auftauchen und seine Wohnung durchsuchen. Und so beschlossen wir, uns einzeln hinauszuwagen und zu versuchen, ins Ghetto zu gelangen.

Es war einer von den kalten Tagen im März 1942. Die Straßen waren voll Schlamm und Schnee und wir hatten nur Hausschuhe an, unsere Schuhe blieben im Kloster. Ich und Samek waren die ersten, die hinaustraten. Ich hielt ihn an der Hand.

Als wir in eine Nachbarstraße einbiegen wollten, wurden wir von zwei Polizisten aufgehalten, die schrien: »Hier darf man nicht gehen!«

Sie zeigten uns, dass wir uns links halten sollten, Richtung Wilnaer Straße. Wir gingen schweigend weiter. Unsere Kleidung war durchnässt. Wir überquerten die Vilnaer und die Mizquewitsch-Straße. Von weitem konnten wir schon die Brücke über den Vilniafluss sehen.

Wir hatten miteinander besprochen, dass ich mit Samek versuchen sollte, zu Tante Jannina zu gelangen und den Jungen bei ihr zu lassen. Neben der Brücke standen Polizisten – wir versuchten, sie nicht zu beachten und sie nahmen von uns keine Notiz. Beim Überqueren der Brücke kamen uns zwei Männer auf Fahrrädern entgegen, und ich hörte den einen sagen: »Schau, das ist unsere Nachbarin, Frau Schapiro.« Dabei bekreuzigte er sich. Ich hatte es gehört, wandte mich um und sah ihm direkt in die Augen. Das hatte wohl auf ihn gewirkt, er beschleunigte seine Fahrt und sie entfernten sich rasch. Ich fürchtete, dass sie uns bei den Polizisten verraten wollten. Vorsichtig blickte ich zurück und sah, dass sie bei den Polizisten stehen blieben. Ich ging gemächlich weiter, Samek hielt ich fest bei der Hand, und wir überquerten die Brücke ohne Zwischenfall. Dann bogen wir in die nächste Seitenstraße ein und beeilten uns, vorwärts zu kommen.

Es war bewölkt und kalt, es sah nach Regen aus. Vor lauter Angst spürten wir die Kälte nicht, es war uns sogar heiß, nicht einmal unsere erstarrten Füße behinderten uns. Es wurde dunkel und wir hatten uns verlaufen, aber aus lauter Angst wagten wir nicht, jemanden nach dem Weg zu fragen. Nach vielen Umwegen erreichten wir dann doch noch das Haus von Tante Jannina, klopften ganz vorsichtig an – und von da an kann ich mich an nichts mehr erinnern. Ich muss wohl beim Eintritt in Ohnmacht gefallen sein. Dann merkte ich, dass mir etwas Scharfes in den Mund geschüttet wurde und dass mir Schnaps im Halse brannte. Neben mir stand Tante Jannina, die mich wiederzubeleben versuchte. Sie hatte schon vier Tage vor Sorge nicht schlafen können, als sie gehört hatte, was im Kloster geschehen war. Sie betete zu Gott um Erbarmen.

Direkt nach der Verhaftung der Nonnen war Wladek ins Kloster gegangen und hatte dort erfahren, dass es von der Gestapo beschlagnahmt worden war. Er glaubte sicher, dass wir nicht mehr am Leben seien. Er hatte versucht, die Nonnen im Gefängnis zu besuchen, indem er sich als ein Neffe der Oberin und Schwester Lucia ausgab. Aber das hatte nichts genützt. Um so größer war die Freude, als Jannina uns sah. Ich berichtete ihr, dass sich Mizia, Janosch und mein Mann bei Wladek Zuflucht gesucht hatten. Meine Tochter Tamar konnte ich leider nicht sehen, Halinka hatte sie zu einer Bekannten gebracht. Es war erst fünf Uhr nachmittags, ich hatte das Gefühl, es sei schon spät in der Nacht.

Die Tante hatte ein Zimmer an einen Gestapomann vermietet, weil sie sich davon mehr Schutz für Tamar und Halinka versprach. Sein Zimmer hatte einen separaten Eingang. Trotzdem konnte sie mich nicht für die Nacht aufnehmen. Samek konnte in dieser Nacht bei ihr im Schlafzimmer bleiben.

Jannina erzählte mir, dass meine Schwiegermutter Viera jeden Abend um halb sechs von ihrem Arbeitsplatz durch die Kleine-Stephanstraße ging. Sie hatte sie dort schon ein paar Mal getroffen. Ich bat sie um Geld, damit ich mir eine Droschke mieten könnte, um auf meine Schwiegermutter warten zu können. Jannina gab mir noch eine Wolljacke, auch derbe Schuhe und Wollsocken. Dann mietete sie eine Droschke und fuhr mit mir zur Kleine-Stephanstraße, verabschiedete sich von mir und fuhr heim.

Ich blieb allein zurück und fühlte mich elend und verlassen. Ich hatte keine Ahnung, ob meine Schwiegermutter vielleicht schon vorbeigegangen war. Ich stellte mich in einen Hofeingang. Der Hausmeister des Hauses stand neben mir und beobachtete mich. Auf einmal sagte er: »Du bist eine Jüdin und wartest auf die Juden, die von der Arbeit kommen.«

Ich antwortete: »Was schaust du mich die ganze Zeit an? Geh und melde mich der Polizei! Mir ist sowieso schon alles egal!«

Darauf sagte er: »Das werde ich nicht tun. Du siehst ja aus wie eine von uns. Gehe ins Haus, und ich werde dich rufen, wenn die Arbeitskolonne vorbeikommt.«

Ich befolgte seinen Rat, aber es war schon nach sechs Uhr abends, als die Kolonne kam. Ein Deutscher ging voran. Als er vorbei war, schleuste ich mich in die erste Reihe der Kolonne ein. In der zweiten ging meine Schwiegermutter. Als sie mich sah, fing sie an vor Aufregung zu zittern und es schien, als ob sie hinfallen würde. Die Leute neben ihr stützten sie. Sie weinte bitterlich und fragte voller Angst nach ihrem Sohn Jascha und ihrer Enkelin Tamar. Ich konnte sie beruhigen und ihr versichern, dass alles in Ordnung sei. Ich merkte, wie einer aus der Kolonne mir den gelben Stern auf meinen Mantel heftete, damit ich vorschriftsmäßig aussah wie eine von ihnen.

Das Hineinkommen ins Ghetto verlief reibungslos. Meine Schwiegermutter hielt mich an der Hand und führte mich in das erste Haus auf der rechten Seite hinter dem Tor in der Rudnika-Gasse. Sie brachte mich in eine dunkle Ecke, dort stand eine Leiter, die zu einer Öffnung führte. Dort musste ich mit ihr hinaufsteigen, durch eine Öffnung kriechen und auf der anderen Seite wieder hinab. Da waren wir in »unserer« Straße – ihren Namen habe ich vergessen, vielleicht Karmelitzka-Straße. Es war stockdunkel, nicht einmal ein Streichholz durfte man anzünden. Wir überquerten einen Hof und gingen wieder eine Treppe hinauf bis zum ersten Stock. Da hausten viele Menschen verteilt auf wenige Zimmer, und ich wunderte mich damals, wie sie alle hier zurechtkommen konnten. Das war aber alles nicht wichtig – Hauptsache, ich war unter Juden.

Noch plagte mich der Gedanke, was mit meinem Mann geschehen war und den anderen, die ich im Gymnasium verlassen hatte. Wie sollten sie hierher kommen? Vielleicht wurden sie beim Verlassen des Gymnasiums verhaftet? Ich hatte Angst und die Sorge um sie ließ mich nicht zur Ruhe kommen.

Ich erzählte Viera alles, und sie berichtete mir, dass die Tante ihr einen Brief hatte schicken können, in dem sie alles schilderte, was uns zugestoßen war. Vor lauter Sorge hörte sie nicht auf zu weinen, und doch war sie froh, dass ich noch am Leben

41

war. Viera zeigte mir den Platz, der ihr angewiesen worden war. Wir gingen durch eine kleine Küche, danach rechts durch ein Vorzimmer. Von dort führten zwei Türen in zwei weitere Zimmer. In jedem Zimmer lebten vier bis fünf Familien – es war kaum zu begreifen, wie Menschen so leben konnten. Im Vorzimmer zwischen der Tür und der Wand stand ein Schrank, und auf Kisten ein Zeichentisch – das war Vieras Platz. Hinter dem Tisch waren ein paar Habseligkeiten verstaut, die ihr noch geblieben waren. Noch ein Bett stand da, in dem ein einzelner Mann lag.

Viera und ich lagen eng umschlungen auf ihrem Bett, sonst hätte der Platz nicht ausgereicht. Wir schliefen nicht und redeten die ganze Zeit miteinander. Um zwei Uhr gab es wieder Bombenalarm. Alle rannten hinunter, nur Viera und ich blieben liegen und erzählten weiter, als ob nichts wäre. Bomben detonierten ganz nah, aber wir beachteten das nicht. Sie erzählte mir, wie ihre Mutter und ihre Schwester Mania mit ihrer Tochter umgekommen waren. Ihre ganze Sorge galt jetzt nur noch Jascha, ihrem Sohn, dass er am Leben bliebe. Wie sie mir sagte, könnte sie durch ihre Beziehungen gelbe Scheine für uns alle besorgen, damit wir alle ins Ghetto kommen könnten.

Sie sagte mir, dass sich in der Wilnaer Straße eine Nähstube befände, deren Arbeitsleiter mir von früher bekannt war. Den sollte ich aufsuchen und um Arbeit in seiner Werkstatt bitten. Dann könnte ich mich der Kolonne anschließen, wenn sie morgens das Ghetto verlässt und zur Arbeit geht. Von dort könnte ich zu Wladek gehen und Jascha zur Werkstatt und zur Arbeitskolonne bringen, damit er irgendwie ins Ghetto gelangte. So ging ich früh am Morgen auf die Straße und näherte mich dem Ghetto-Tor, das sich in der Rodnitzkastraße befand. Dort hoffte ich, den Arbeitsleiter zu treffen. Ich stand und schaute mich um. Auf einmal sah ich eine Karre mit Lebensmitteln – ich traute meinen Augen nicht – ich sah meinen Mann Jascha, angezogen wie ein Bauer, mit einem kurzen Mantel. Er schob die Karre vor sich her.

Unsere Freude war unaussprechlich. Wir konnten es kaum begreifen. Ich nahm ihn bei der Hand und wir rannten zu seiner Mutter, die gerade zur Arbeit gehen wollte. Jascha erzählte ih alles. Es hatte geklappt wie nach einem festen Plan. Er hatte etwa eine halbe Stunde vor dem Kloster gestanden und auf jemanden gewartet, der ins Ghetto gehen wollte. Da sah er die Karre und beschloss, hinter ihr her zu gehen – und so erreichte er das Ghetto. Mizia, Samek und Jonas wollten sich am Abend der Gruppe, die aus der Schneiderstube kam, anschließen. Die Tante hatte Samek zu Wladek gebracht, weil sie doch Angst hatte vor ihrem Mieter, dem Gestapo-Mann.

Wir waren so in unser Gespräch vertieft, dass die bittere Gegenwart um uns versank. Der Wille zu überleben überwältigte alle Nöte. Wir begannen unsere Möglichkeiten zu überdenken.

Das erste, das wir in Erfahrung brachten, war, dass der Hauptkommandant der Gestapo im Ghetto ein gewisser Salek Dastler war. Er war mit meinem Mann im Gymnasium gewesen und bis zum Abitur sein Freund. Auch seine Mutter hatten wir gekannt, sie war mit Viera befreundet gewesen. Ytzchak Bernstein war auch ein Freund Jaschas gewesen, sie hatten zusammen Karten gespielt. Wir hofften, dass diese alten Beziehungen uns etwas helfen würden.

Noch am gleichen Tag gingen wir zu Bernstein. Er freute sich sehr, uns zu sehen und war bereit, etwas für uns zu tun. Er beschaffte uns eine Holzpritsche sowie zwei Kissen und ein Plumeau. Dazu wies er uns eine Wohnung gleich gegenüber von Viera an. Das war ein winziges Zimmer in dem schon ein Ehepaar ohne Kinder untergebracht war. Der Mann arbeitete in der Ghetto-Verwaltung, und sie konnten nicht begreifen, dass man ihnen noch zwei Leute ins Zimmer einwies. Bernstein beruhigte sie, es sei nur für kurze Zeit, bis er für uns eine neue Bleibe gefunden habe.

Abends gingen wir zum Tor, um die Kolonne von der Schneiderstube abzuwarten. Als die Kolonnen ankamen, sahen wir mit einem Mal Mizia, Samek und Jonas zwischen den Arbeitern. Unsere Freude war unbeschreiblich! Gott sei Dank, sie waren alle noch am Leben!

Jetzt war es uns möglich, etwas über die Organisation des Ghettos zu erfahren und wie es verwaltet wurde. Salek Dastler war Polizeipräsident. Da er von Jugend an mit meinem Mann Jascha befreundet gewesen war und seine Mutter eine gute Freundin von Viera war, hofften wir etwas Beistand zu bekommen. Ytzchak Bernstein war ein anderer Freund meines Mannes, und beide waren sie angesehene Persönlichkeiten im Ghetto. Bernstein verschaffte auch meinen Lieben eine Schlafstelle, und auch hier sträubten sich die Mitbewohner gegen die neuen Ankömmlinge in ihren engen Unterkünften. Aber gegen die Polizei wagte niemand etwas zu sagen. Dabei hatten wir alle ein ungutes Gefühl. Wir fühlten uns wie Verbrecher, wie Eindringlinge, da wir nicht legal ins Ghetto eingewiesen worden waren. Bernstein beruhigte uns, dies sei ja alles nur vorläufig. Bald würden wir vom Wohnungsamt eine Wohnung zugewiesen bekommen. Die Hauptsache sei, dass wir erst einmal ein Dach über dem Kopf hätten und einen Platz zum Schlafen. Und dafür mussten wir ihm wirklich dankbar sein. Noch am Abend ging Jascha mit seiner Mutter zu Dastler. Da regelte sich alles schnell.

Ich vertraute Bernstein, ich wusste, er würde auch meiner Schwester und ihrer Familie helfen. »Es wird alles gut«, sagte er mir. »Alles tue ich mit meiner starken Hand und niemand wird wagen, sich gegen mich, gegen die Polizei aufzulehnen.«

Doch mein Gewissen plagte mich, mein Gefühl – es war ein schlechtes und schmutziges Gefühl, ein Gefühl von Unrecht. Es war nicht unsere Art gewesen, auf diesen krummen Wegen einen Platz im Ghetto zu bekommen. Bernstein beruhigte uns. Er versprach uns Arbeitsplätze, und mit den Arbeitsplätzen würde auch die Genehmigung vom Wohnamt kommen. Bis dahin hatten wir ein Dach über dem Kopf und Betten, uns hineinzulegen.

Wir bekamen bald die gelben Scheine, die uns als Einwohner des Ghettos auswiesen. Das bedeutete ein Anrecht zu leben. Ohne diesen Schein und ohne den gelben Judenstern auf der Kleidung war man vollkommen rechtlos.

Jonas, als hervorragender Zahntechniker, bekam sofort Arbeit bei der Gestapo. Mit ihm arbeiteten dort noch drei Juden. Es war ein hervorragender Arbeitsplatz, er konnte von da aus auch seine Familie mit Lebensmitteln versorgen, denn die, die dort arbeiteten, wurden nicht kontrolliert. Materiell ging es uns nicht schlecht. Tante Jannina gab Mizia und mir jeweils 100 Rubel, die hatte unsere Mutter ihr für uns übergeben. Das war damals sehr viel Geld.

Jascha fing an, im Arbeitslager H.K.P. zu arbeiten. Das war aber nicht so günstig für ihn: der sehr unbeliebte Hauptbrigadier hatte den gleichen Namen und Jascha hatte dadurch viele Schwierigkeiten. Er bemühte sich um eine andere Stelle, aber zunächst gelang ihm das nicht. Man schlug ihm vor, bei der Polizei zu arbeiten, aber das lehnte er ab.

Am vierten Tag, nachdem wir im Ghetto angekommen waren, fand schon das Passah-Fest statt. Rote Rüben waren vorhanden, also haben wir sie mit Wasser ausgekocht, und das war unser Wein. Der Abend war unser Seder-Abend.

Ich ging hinaus zu dem Platz, wo früher das Geschäft meiner Mutter gewesen war, an der Kreuzung der Schtrasonstraße mit der Schewalska. Die Läden waren zu. Ich stand da, drückte mein Gesicht gegen die Wand und weinte bitterlich, ich weinte und weinte über die vergangenen Zeiten. Meine Gedanken waren bei Mutter und Vater, die nicht mehr am Leben waren. Auf einmal merkte ich, wie mich jemand berührte. Ich schaute mich um und erkannte meine Freundin Ruschka. Sie nahm mich in den Arm und wir weinten zusammen. Wir sprachen kein einziges Wort – es gab nichts zu fragen und auch nichts zu antworten. Das einzige, was sie herausbrachte, war, dass sie als einzige von ihrer Familie übriggeblieben war. Mit Ruschka war ich zusammen im Gymnasium gewesen und wir waren gute Freundinnen. Ich hatte sie einige Jahre aus den Augen verloren, in dieser Zeit hatte sie geheiratet und in Warschau gewohnt. Nach Ausbruch des Krieges kam sie zurück nach Wilna.

Ich verabschiedete mich von ihr und ging zu meiner Schwiegermutter nach Hause zurück. Dort hatte sich alles versammelt.

Wir tranken den Rote-Bete-Saft, wir wünschten einander bessere Zeiten, und dass man im nächsten Jahr wieder richtig Passah feiern könnte, mit Mazze[4] und richtigem Wein. Es gab keinen Tisch, alle standen nur da und schwiegen. Jeder trug seine Trauer im Herzen. Das war nun unser erster Sederabend im Ghetto.

Am nächsten Tag war vom Feiertag nichts zu spüren. Jeder ging seiner Arbeit nach. Ich selbst bemühte mich, eine Arbeit zu finden. Wenn man einen Bekannten in einer hohen Position hatte, sollte es – so hieß es – nicht allzu schwer sein. Ich bekam Arbeit als Kassiererin im Büro der Gemüseabteilung.

Dieses Büro befand sich genau da, wo meine Mutter früher ihr Geschäft hatte, genau dort, wo ich gestern gestanden und geweint hatte. Meine Aufgabe war es, an der Kasse die Lebensmittelmarken an die Verbraucher auszuteilen. Ich musste sie abstempeln, und dann erst konnte der Verbraucher seine Zuteilung abholen.

Zur Zeit bestand diese aus gefrorenen Kartoffeln. Als Mitarbeiterin bekam ich ein Kilo mehr, dann hatte ich noch die Marken meines Mannes, ferner die von meiner Schwiegermutter Viera und von ihrem Freund Abronowitsch. Er arbeitete als Hauptmann der Brigade der Bahnstation. So ging ich schnell mit einem gefüllten Korb nach Hause.

Mein Arbeitstag endete um 15 Uhr, und ich wollte versuchen ein Passah-Mahl auszurichten. Ich besorgte mir ein Reibeisen und rieb die geschälten Kartoffeln. Mit Zwiebeln und Öl wurden Kartoffelknödel in einem großen Topf mit Wasser gekocht. Es war für uns eine Delikatesse, genau das Richtige zu Ehren des Feiertages – tausend Tamini, wie es im Jiddischen heißt. Als meine Leute – mein Mann, seine Mutter und Abronowitsch – nach Hause kamen, stürzten sie sich auf mein Essen, sie leckten sich die Finger und hörten nicht auf, bis sie alles vertilgt hatten. Von da an war ich zur Köchin ernannt, das passte auch gut, weil ich früher als die anderen Dienstschluss hatte.

Eines Tages war ein Aufruhr im Gemüseamt. Was war passiert? Es hatte sich herausgestellt, dass viel mehr Marken auftauchten, als herausgegeben worden waren. Bei der Untersuchung stellte sich heraus, dass Marken gefälscht und mit meiner gefälschten Unterschrift versehen worden waren. Die Betrüger wurden ausfindig gemacht und verhaftet. Ich wurde zur Kriminalpolizei bestellt, damit ich sie identifizieren sollte.

Als ich das Büro betrat, wurde mir schwindelig. Drei Männer und eine Frau waren so zugerichtet, dass man kaum erkennen konnte, wer sie waren. Alle blutig zerschunden und mit zerschlagenen Gesichtern. Ich verbarg mein Gesicht in den Händen und musste bitterlich weinen. Wie konnte man Menschen so zurichten – mein Gott, für ein paar Kartoffeln! Das waren doch keine Verbrecher! Sie taten es ja nur, um etwas Nahrung für sich und ihre Kinder zu bekommen! Denn unsere Rationen waren wirklich nur Hungerrationen, und wer sich nichts dazu beschaffen konnte, konnte von dem bisschen nicht leben. Ich weinte und schrie die Polizisten an. Ich konnte mich nicht beruhigen. Die Schläger, die Folterer dieser Menschen – wer waren sie? Das waren keine Deutschen. Das waren die Unseren! Unsere Brüder! Unsere Söhne! Die Söhne Israels!

Als ich zurückkam, beschloss ich, die Privilegien, die mir meine Stellung brachte, nicht mehr anzunehmen. Diese waren groß: zusätzliche Ration, Arbeit nur von 8 bis 15 Uhr. Wenn ich um 8 Uhr zu meinem Büro kam, standen die Menschen schon und warteten auf ihre Ration. Es waren die Alten, die Kranken und die Kinder, weil die Erwachsenen zur Arbeit gehen mussten. Und wenn man später kam, war oft schon keine Ware mehr da. So warteten sie oft stundenlang.

Kurze Zeit nach dem Vorfall mit der Fälschung bekam ich den Kündigungsbrief. Dies hat mich sehr gedemütigt und es war mit einem großen materiellen Verlust verbunden, und man arbeitete im Ghetto, ohne lange Anmarschwege zur Arbeitsstelle.

Zu dieser Zeit konnte uns Bernstein eine neue Wohnstätte beschaffen. Sie war viel bequemer, sogar mit einer Badewanne und einer Toilette ausgestattet. Dort wohnte nur eine Familie – ein Mann, eine Frau und zwei Kinder. Das Zimmer war ziemlich groß, mitten darin stand ein großer Tisch. Die Familie war natürlich nicht zufrieden, aber sie musste sich fügen. Bernstein zeigte ihnen ein Schreiben, nachdem wir für die Wohnung zugeteilt waren. Er besorgte uns sogar eine neue Liege zum Schlafen, denn die alte war voller Wanzen.

Morgens fuhr Jascha mit seiner Kolonne nach Ponar. Dort arbeiteten sie am Bahnhof. So konnte er auch Frau Kaschiozowa aufsuchen und ein paar Sachen holen, die wir bei ihr versteckt hatten. Er brachte Bettzeug mit, ein paar Kleider, seine Stiefel und einen Anzug, dazu auch meinen Pelzmantel. Den Pelzmantel konnten wir verkaufen und bekamen dafür 100 Goldrubel und für seinen Anzug noch 20. Das war viel Geld, aber zum Kauf von Lebensmitteln reichte es nicht lange. So fing mein Mann an, sich mit Handel zu beschäftigen. Wenn er von der Arbeit kam, brachte er Sachen mit, und ich versuchte, sie bei den kleinen Geschäften, die noch vorhanden waren, loszuwerden. Oft konnte man noch Luxusartikel und auch Getränke bekommen – natürlich nur, wenn man Geld hatte. Es war nicht ungefährlich. Täglich neue Geschehnisse, neue Vorschriften, neue Erlasse.

Eines Tages bekam ich von meinem früheren Chef einen Brief. Ich sollte mich bei ihm melden, und zwar um acht Uhr abends. Man führte mich in sein großes Büro. Dort saßen drei Männer – Tropida, sein Vertreter – den Namen habe ich vergessen – und der Kontrollchef des Ghettos, Herr Grischa Ginsburg. Gleich zu Anfang gaben sie mir zu verstehen, dass meine Kündigung nicht wirksam sei, tatsächlich sei ich noch angestellt. Man hatte das nur vorgegeben, um mir eine geheime und wichtige Arbeit geben zu können. Tropida wollte mir im Vertrauen einige Dinge verraten, die ich auf keinen Fall weitersagen durfte; nicht einmal meine engste Familie durfte davon erfahren.

Der Sachverhalt war folgender: Im Ghetto befanden sich zu dieser Zeit 20.000 Menschen, aber offiziell waren es nur 10.000. Nach der offiziellen Einwohnerzahl wurden die Lebensmittelmarken ausgeteilt, also musste man versuchen, die Bedürfnisse von 20.000 Menschen und die Zuteilung für 10.000 einander anzugleichen. Die Buchhaltung musste natürlich nach der offiziellen Zahl geführt werden. Ginsberg wollte, dass ich diese Aufgabe übernahm. Ich konnte mir schon vorstellen, wie das gedreht werden musste. Für die Deutschen und Litauer musste alles nach den offiziellen Zahlen stimmen – das war die Hauptsache. Alle nötigen Unterlagen würde ich von der Verwaltung des Ghetto bekommen, ich musste bei meiner Arbeit mit der offiziellen Buchhaltung und der Verwaltung des Ghetto-Tores in Verbindung sein. Die Hauptsache war, es stimmte alles überein. Natürlich war es eine Fälschung der Daten, für die ich auch noch gerade stehen musste, denn die Ghetto-Verwaltung legte meine Zahlen regelmäßig der Regierung vor. Alles musste übereinstimmen: die Ware in den Lagerräumen, die offiziellen Kassen – und so weiter. Ich sollte die Bücher führen und sollte ein eigenes Arbeitssystem dafür finden.

»Die Angaben müssen hieb- und stichfest sein, das ist das Wichtigste!«, sagte Tropida. Die Bücher wurden natürlich geheim geführt. Meine wichtigste Aufgabe war es, die Widersprüche auszugleichen, damit alles für die Behörden akzeptabel wurde. Dazu gehörte auch die Organisation der Waren im Lager, die Verwaltung der offiziellen Kassen und vieles mehr.

Es war eine sehr schwierige Aufgabe mit sehr großen Risiken. Man stellte mir ein eigenes Büro zur Verfügung, das aus zwei Zimmern bestand, und zwei Gehilfen. Ständig schärften mir meine Chefs ein, dass alles in strengster Geheimhaltung vor sich gehen musste, sonst könnte es passieren, dass bei der Kontrolle Unstimmigkeiten bemerkt wurden, die ich unter Umständen mit meinem Leben bezahlen müsste. Ich hatte meine Zweifel, ob ich dafür geeignet sei. Ginsberg ermunterte mich, es zu übernehmen, er versprach, mir zur Seite zu stehen, ich sollte keine Angst zu haben. Es würde schon alles in Ordnung gehen. So wurde ich darin verwickelt. Eine Aufgabe, die äußerst gefährlich war – wie konnte man so etwas ganz alleine tragen?

Eines Tages konnte ich mich nicht mehr zurückhalten und vertraute mich meiner Schwester Mizia an. Ich bewunderte ihre Weisheit und hoffte auf ihren Rat, was sie zu dieser Sache dachte. Als sie alles erfuhr, war sie außer sich. Sie selbst war mit Ginsburg befreundet und lud ihn eines Tages ein. Bei dieser Gelegenheit bat sie ihn um Erbarmen, er sollte mich von dieser gefährlichen Aufgabe befreien. Ich selbst ahnte nichts von ihrem

Vorgehen, bis ich eines Tages in sein Büro gerufen wurde. Er schrie mich fürchterlich an und meinte, Frauen könne man nicht trauen und sie könnten kein Geheimnis bewahren. Ich schwor und versicherte, dass selbst mein Mann von meiner Tätigkeit keine Ahnung hatte. Er erwiderte, wenn er Mizia nicht so genau kennen würde, wäre ich im Ghetto-Gefängnis gelandet. Und wenn noch einmal so etwas vorkäme, wäre ich verloren.

Ich hatte keine Wahl und musste meine risikoreiche Tätigkeit fortsetzen. Mein Arbeitstag fing um 8 Uhr am Morgen an. Ich musste zur Torwache gehen, um die Unterlagen von den Kaufleuten zu bekommen, die an diesem Tag ins Ghetto gekommen waren. Dann begann eine schwierige Prozedur. Man musste alles so verändern, dass die Zahlen übereinstimmten – ganz egal wie.

Ein Urlaubstag und seine Folgen

Eines Tages bekam ich Post von Tante Jannina. Sie schrieb, dass sie für uns ein Paket mit Lebensmitteln vorbereitet habe. Außerdem wollte sie mich dringend sehen und hatte schon einen Tag festgelegt. An diesem Tag wollte sie Tamar mit Halinka wegschicken, damit wir uns in Ruhe besprechen könnten.

So bat ich meinen Chef um einen Tag Urlaub, und der wurde mir genehmigt. Da ich die Leute von der Torwache alle persönlich kannte, wäre es nicht schwierig gewesen, Janninas Lebensmittelpaket hereinzubringen. Ganz früh am Morgen ging ich mit der Arbeitskolonne hinaus, die am jüdischen Friedhof arbeitete. Dort wurden Gemüsebeete für das Ghetto angelegt. Die Arbeiter fuhren auf einem großen Wagen hin und zurück und hatten keine Wache dabei.

Ich hatte meinen Mantel angezogen und trug darüber einen Arbeitskittel mit dem gelben Judenstern, ohne den sich kein Jude öffentlich zeigen durfte. Ungefähr einen Kilometer von Janninas Wohnung entfernt stieg ich ab, zog den Kittel aus und trug ihn über dem Arm, damit man mich nicht als Jüdin erkannte. Ich verabredete mit den Arbeitern, dass ich um 17 Uhr an der gleichen Stelle auf sie warten wollte.

Die Tante begrüßte mich herzlich, sie war froh, mich zu sehen. Halinka und meine Tochter waren von der Tante wie verabredet weggeschickt worden, damit sie mich nicht sahen. Ich bekam zu essen und Gelegenheit zu baden. Sie gab mir frische Wäsche und behielt die schmutzige gleich dort zum Waschen. Dann erzählte sie mir, dass etwas Unerfreuliches geschehen war. Der Mieter, der Gestapomann, hatte Tamar ins Herz geschlossen, er brachte ihr immer wieder Spielzeug und Süßigkeiten mit. Er wusste von Jannina, dass ihr Name Teresa Maria war, und dass ihre Eltern nach Sibirien abtransportiert worden waren. Tante Jannina hat ihm erzählt, dass sie mit den Eltern befreundet war, und dass es sich so ergab, dass sie Teresa zu sich genommen hatte.

Jetzt kam sie zum wesentlichen Grund, warum ich zu ihr kommen musste.

Vor ein paar Tagen, als der Untermieter sich rasierte, stand Teresa dabei und sah ihm zu. Dabei sagte sie ganz nebenbei: »Mein Vater rasierte sich genau so wie du.« Darauf fragte er: »Wie heißt denn dein Vater?«, und das Kind antwortete: »Jetzt wird er Joseph Scherwinzki genannt, aber in der Zeit, wo er sich rasierte, war sein Name Jascha Schapiro.« Danach kam der Untermieter zu mir und verkündete: »Jetzt weiß ich, dass Tamar ein Kind jüdischer Eltern ist.« Da er aber das Kind liebgewonnen habe, wollte er ein Auge zudrücken. Da wurde es Jannina sehr mulmig zumute. Wie weit konnte man sich auf einen Gestapomann verlassen? Sie meinte, es wäre besser, das Kind abzuholen und es im Ghetto unterzubringen. Wenn sie merkte, dass eine Gefahr für das Kind bestünde, wollte sie uns Bescheid sagen. Vorläufig jedoch musste man abwarten.

Ich musste mich verabschieden, um rechtzeitig an meinem Treffpunkt zu sein. Es war ziemlich kalt und es nieselte leicht. Ich ging zum Treffpunkt mit zwei schweren Körben voller Lebensmittel. Ich war in trostloser Stimmung und wartete auf den Wagen der Kolonne. Ich sah ihn nicht – inzwischen war es sechs und dann sieben Uhr geworden, schließlich halb acht.

Zurück zur Tante konnte ich nicht mehr, da war der Gestapomann und Tamar, die mich nicht sehen durfte. Ich stand da und überlegte. Die Arbeiter hatten mir gesagt, dass zwei jüdische Arbeiter nachts auf dem Friedhof übernachteten. So blieb mir nichts übrig, als mir dort eine Unterkunft zu suchen. Es waren etwa drei Kilometer zu gehen, die Straße war an beiden Seiten dicht mit Strauchwerk besetzt. Auf einmal hörte ich ein lautes Schreien in litauischer Sprache hinter mir: »Halt! Halt!« Ich reagierte sofort und warf mich mit dem Gesicht nach unten zwischen die Sträucher. Scheinwerfer strichen in meiner Richtung hin und her. Ich lag wie versteinert und wagte nicht, mich zu bewegen. Ich konnte jetzt ihre Stimmen hören. Einer sagte, er sei überzeugt, jemanden gesehen zu haben, und der andere antwortete, er bilde sich das nur ein. Sie sprachen Litauisch, aber ich konnte das Wesentliche verstehen. Sie schossen noch zweimal in die Luft und verschwanden.

Ich wusste nicht, wie lange ich da gelegen hatte, es kam mir vor wie eine Ewigkeit. Dann kroch ich aus meinem Versteck. Ich war ganz durchnässt, mein Gesicht brannte. Durch den Sturz hatte ich mich verletzt. Ich ging weiter. Auf einmal kam ein Wagen vorbei und ein Bauer hielt an. »Frau«, sagte er, »geh nicht weiter in Richtung Stadt. Eine Razzia ist dort im Gang, es werden Schwarzhändler verhaftet.«

Er hielt mich auch für eine Schwarzhändlerin. Ich versicherte ihm, dass ich das nicht war. Ich erklärte, dass ich lediglich auf dem Weg zu meiner Tante sei, die am katholischen Friedhof arbeite. Für sie seien meine Körbe bestimmt und ob er so nett sein würde, mich mitzunehmen bis dorthin. Ich sagte ihm, von dort könnte ich leicht den jüdischen Friedhof erreichen, er sei direkt gegenüber. Er war nicht abgeneigt, verlangte aber 10 Mark dafür. Ich antwortete, dass ich nur fünf Mark hätte, und er war einverstanden.

Er sah, dass ich ganz durchnässt war und wunderte sich, dass ich den warmen Mantel über dem Arm trug. Aber wie sollte ich ihm erklären, dass ich nur auf dem Kittel zwei gelbe Sterne hatte? So stieg ich auf seinen Wagen und er nahm mich mit bis zum katholischen Friedhof, da stieg ich ab.

Es regnete, es war dunkel. Mir war sehr bitter zumute. Ich versuchte mich aufzuraffen und stolperte in eine Pfütze. Ich sah ein, dass man sich im Dunkeln besser orientieren kann, wenn man die Hände frei hat, also band ich meine Körbe mit dem Kittel zusammen auf den Rücken. So konnte ich mich sicherer bewegen. Auch gewöhnten sich meine Augen an die Dunkelheit. Ich konnte mich an der Mauer entlangtasten und erreichte so das Friedhofstor. Ich ging hinein. Zuerst setzte ich mich, um mich etwas auszuruhen. Auf einem Grabstein fand ich ein Plätzchen. Meine Körbe nahm ich herunter. Es war erstaunlich – ich spürte keine Kälte mehr, keine Müdigkeit – ich fühlte mich geborgen, ein Glücksgefühl überkam mich. Endlich war ich bei meinen Brüdern, bei Juden, ich hatte das Gefühl, dass mir nichts mehr geschehen konnte. So saß ich ziemlich lange. Dann bekam ich das Gefühl, dass ich mich bewegen müsse, dass ich sonst vielleicht nie mehr aufstehen könnte. Inzwischen hatte es aufgehört zu regen, es wurde ein bisschen heller.

So konnte ich aufstehen und weitergehen, ohne zu stolpern. Aber jetzt wurde mir sehr kalt – vorher war es mir heiß gewesen. Von weitem sah ich Licht, es kam aus einer Baracke. Es war die Unterkunft für die zwei jüdischen Nachtwächter. Ich ging hin und klopfte an die Tür. Zwei Männer stürzten heraus und riefen: »Wer ist da?« Ich konnte eine Weile nicht sprechen, dann gab ich mich zu erkennen und berichtete, wie ich in diese Lage gekommen war. Ich konnte meine nassen Sachen ablegen, sie wrangen meinen nassen Mantel aus und hängten ihn zum Trocknen auf. Einer gab mir seine Lederjacke zum Überziehen, aus einer Thermosflasche mit warmem Wasser gaben sie mir zu trinken.

Ich zitterte am ganzen Körper vor Kälte und vor Aufregung. Sie erlaubten mir, auf einem ihrer Betten zu liegen, damit ich etwas ausruhen konnte. Sie zogen mir die Schuhe aus, meine Füße waren durchfroren. Sie wickelten meine Füße ein und deckten mich auch mit einer Decke zu. Dann löschten sie die Öllampe und ich schlief fest ein.

Ich weiß nicht, wie lange ich geschlafen hatte; wahrscheinlich aus Freude, dass ich überhaupt noch am Leben war. Als ich aufwachte, war es schon ziemlich hell draußen. Die Männer hatten ihre Lederjacken wieder an sich genommen und mich mit einer Decke und meinem feuchten Mantel zugedeckt. Davon hatte ich gar nichts gemerkt.

Ich war allein, die beiden Wächter waren nicht da. Ich zog mich wieder ganz an, die feuchten Schuhe und die Socken, die schon ziemlich trocken waren. Auf einmal hörte ich Schritte, ich konnte durch die Latten der Hütte eine männliche Gestalt erkennen und diese sah für mich aus wie ein Polizist. Mit meinen beiden Körben verkroch ich mich schnell unter dem Bett. Der Polizist sah sich um, und ich hörte, wie er sagte: »Hier ist keiner drin!«, und die Antwort von einer anderen Stimme: »Mir wurde gesagt, sie befände sich hier.« Dann gingen sie hinaus. Mir wurde ganz mulmig zumute – die Stimme kannte ich doch! Das war doch die Stimme von Jascha, meinem Mann! Ich stürzte hinaus und rief: »Jascha, Jascha, hier bin ich!«

Tatsächlich, ich hatte recht, es war Jascha. Im Augenblick, als er meine Stimme hörte, rannte er mir entgegen – wir umarmten uns und weinten vor Freude und Erleichterung. Ich erzählte ihm die ganze Geschichte, und der Polizist war auch ganz gerührt davon und wischte sich fortwährend die Tränen ab. Es stellte sich heraus, dass zufällig mit der Arbeitskolonne zwei litauische Polizisten mitgefahren waren und einen anderen Weg bestimmt hatten. Jascha und Jonas hatten am Tor auf mich gewartet, und als sie sahen, dass die Arbeiter mit einer Stunde Verspätung ohne mich zurückkamen, gerieten sie in Panik. Die ganze Familie verbrachte eine schlaflose Nacht voller Sorge.

Schließlich kamen sie auf die Idee, mich am Friedhof zu suchen. Sie bestachen einen Polizisten mit zwanzig Goldrubel, mit Jascha zum Friedhof zu gehen und mich zu suchen. Sie wollten vorgeben, Jascha sei ein Gefangener, den der Polizist transportieren sollte. Auf diese Weise konnten sie sich auf die Suche nach mir begeben. Zuerst fuhren sie zur Tante. Sie mussten versuchen, sie unauffällig nach draußen zu locken, dorthin, wo sie sich zwischen den Sträuchern versteckt hatten. Ein Bauer kam vorbei, und Jascha gab ihm einen Zettel, den er der Tante überbringen sollte. Für Geld war er dazu bereit. Die Tante war sehr beunruhigt. Als sie den Gendarmen sah, ist sie fast in Ohnmacht gefallen. Sie glaubte, es sei etwas Schreckliches passiert. Sie berichtete, dass ich bei ihr gewesen und um vier Uhr von ihr weggegangen sei. Jascha beschloss, sofort zum Friedhof zu fahren. Er versprach der Tante, ihr unverzüglich Bescheid zu geben, was mit mir passiert war.

Der Friedhof war die letzte Chance mich zu finden. Sie konnten am nächsten Tag die Kolonne abpassen und von ihnen erfahren, was mit mir geschehen war. Jascha und der Polizist fuhren also zum Friedhof. Die Arbeiter waren noch nicht da. Die beiden hielten Ausschau nach ihnen und fanden auf der Straße die beiden Nachtwächter. Sie waren gerade dabei, von einem Bauern ihr Essen zu kaufen. Unser Polizist versteckte sich hinter einem Baum, und Jascha lief ihnen entgegen und fragte nach mir. Da berichteten sie, dass ich zu ihnen gekommen war und jetzt in der Hütte schlief. So haben wir uns wiedergefunden.

Ich war durch all die Ereignisse sehr stark erkältet. Sehr schlimm war es, dass man mir, weil ich unerlaubt zwei Tage weg war, verbot, das Ghetto zu verlassen. Es war nichts zu machen, alle meine Erklärungen waren nutzlos, ich redete gegen eine Wand.

Kurze Zeit danach, im Winter 1942, bekam ich einen Brief von meiner Tante. Sie schrieb, dass ihre Lage sich verschlechtert habe und wir besser unsere Tochter abholen sollten. Der Untermieter war sehr nervös geworden. Eine Nachbarin hatte herumerzählt, dass sie meine Tante im Wald gesehen hatte, wie sie mit einem Mann sprach, der bestimmt ein Jude war, und in dessen Nähe sich ein Polizist aufgehalten hatte. Es wurde zu gefährlich, und wir sollten die Kleine auf dem schnellsten Weg abholen.

Ich kann unsere damalige Lage kaum beschreiben. Wir lebten in tausend Ängsten. Jascha war ganz zufrieden, dass unser Kind wieder bei uns sein sollte. Einmal war er mit seiner Kolonne am Haus der Tante vorbeigekommen und hatte Tamar im

Garten gesehen. Sie sah braun und wohl aus mit roten Bäckchen. Er lehnte am Zaun – und sie erschien ihm wie ein Engel. Er war von ihrem Anblick wie verzaubert, aber auch wie zerbrochen und weinte bitterlich, als er zurückkam. Da habe ich ihn zum ersten Mal weinen sehen.

Er sagte: »Ich will das Kind wieder bei uns haben. Wenn Gott will, bleiben wir am Leben, und sonst sterben wir wenigstens zusammen – das ist die natürlichste Sache der Welt.«

Im Allgemeinen war Jascha immer der Optimist, aber ich war strikt dagegen, das Kind zu uns zu nehmen. Dort wurde sie gut versorgt, und hier im Ghetto war genau das Gegenteil der Fall. Wie sollte ich sie neben meiner Arbeit versorgen? In unserem Zimmer waren neue Leute eingezogen. Die frühere Familie hatte uns verlassen müssen. Die Frau war Kleptomanin und stahl den Leuten ihre letzten Habseligkeiten. Ich hatte Mitleid mit ihr und schwieg zu ihren Machenschaften. Sie hatte zwei Kinder zu füttern. Aber die anderen Nachbarn erzählten es weiter und so mussten sie die Wohnung verlassen. Sie wurden in eine Baracke eingewiesen, dort lebten sie ganz allein.

Zu uns zogen neue Leute ein. Der Mann hieß Chaim Schkolnitzki, er arbeitete im Wohnungsamt. Seine Frau hieß Esther und ihr Sohn Bobke. Es waren bescheidene, ruhige Leute, auch gebildet, und sie verbreiteten eine ruhige Atmosphäre um sich. Ich war sehr zufrieden, und Esther wurde mir eine gute Freundin. Ich kannte alle ihre Sorgen und Esther kannte die meinen. Sie tröstete mich immer und hatte in allen Schwierigkeiten einen guten Rat, und das war in diesen Zeiten sehr wichtig.

Sie hatte uns zugeraten, das Kind herzubringen, je schneller, je besser. Meine Schwester Mizia kam zu uns, sie hatte sich einen Plan ausgedacht. Danach sollte jemand das Kind in die Schneiderstube bringen. Jonas würde wieder den Polizisten mitbringen und das Kind dort abholen. Mizias wirtschaftliche Lage war sehr gut. Sie und ihr Mann hatten aus einem Geschäftslokal auf der Lidskistraße eine Wohnung und einen Laden gemacht. Aus Brettern hatte Jonas mehrere Zimmer gemacht: ein Schlafzimmer, ein Kinderzimmer und eine Essecke. In einem anderen Zimmer wohnte noch eine junge Frau, eine Krankenschwester. Mizia kochte selbst, sie aßen nicht in der Gemein-schaftsküche, Jonas hatte eine Stelle als Zahntechniker, das war eine gute Arbeit. Er hatte immer mit Gold zu tun, und davon konnte er ab und zu etwas abzweigen. Daher war Mizia in der Lage, Tamar auf ihre Rechnung in einem privaten Kindergar-ten anzumelden. Sie wollte sie auch jeden Tag abholen und sie bei sich essen lassen. Damals haben Mizia und ihr Mann uns sehr geholfen.

Ich bin zu meinem Chef Tropida gegangen und habe ihn gebeten, er möchte für mich bei Herrn Lewson (einem Juden aus Kowno) ein gutes Wort einlegen, damit er mich für einen Tag aus dem Getto beurlaubt. Ich musste ihm alles erzählen, und er sah ein, dass mein Kind ernstlich in Gefahr war. Er beur-laubte mich für einen Tag von der Arbeit, jedoch auf meine Ver-antwortung. Bei Lewson wollte er nicht um Durchgang bitten, weil er nichts mit ihm zu tun haben wollte. Am Morgen ver-steckte ich mich in einem Wagen und schmuggelte mich so aus dem Ghetto hinaus. Die Arbeiter saßen buchstäblich auf mir. Ich fuhr zur Tante, um meine Tochter abzuholen. Ich war so glücklich, mein Kind wieder um mich zu haben. Als ich bei Tante Jannina ankam, spielte meine Tochter im Garten. Ich stand am Zaun und beobachtete sie. Immerhin sind anderthalb Jahre für ein Kind eine lange Zeit. So lange hatte ich sie nicht gese-hen. Meine Augen verschleierten sich von den Tränen, die mir die Wangen hinunterliefen. Ich verlor ganz die Kontrolle über meine Gefühle.

Auf einmal hörte ich Tamars Stimme: »Warum weinst du?« Ich konnte nicht antworten, vor lauter Weinen bekam ich kein Wort heraus. Da sagte sie: »Ich weiß, wer du bist. – Du bist mei-ne Mama!«

Sie jauchzte vor Freude, kam herausgelaufen und stürzte in meine Arme. Weinend standen wir eine geraume Zeit und konn-ten uns nicht trennen. Wir küssten uns und weinten. Dann gin-gen wir hinein zur Tante. Immer wieder betonte sie, dass es nicht ihr Wille war, Tamar von sich zu lassen. Sie wollte ja das Kind retten – aber das Schicksal ließ es nicht zu. Es war grau-sam, dass es so weit kommen musste, aber sie selbst war ja

jüdischer Abstammung. Halinka war noch bei ihr – es bestand
Gefahr für die ganze Familie. Ich versuchte sie zu beruhigen.
Sie hatte ja schon so viel für mich und die ganze Familie getan.
Ich bedankte mich für alles, was sie getan hatte, ewig wollten
wir ihr dankbar sein.

Sie packte einen Teil von Tamars Sachen ein, den Rest wollte
sie mit einem Wagen nachschicken. Sie hatte schon einen Wagen
bestellt und fuhr mit uns zu der Schneiderstube. Der Brigadier
wusste Bescheid. Alle spielten mit dem Kind. In ihren Hosen,
mit Mäntelchen und Hütchen sah sie aus wie eine Puppe in
einem Schaufenster. Alle waren ganz begeistert von ihr, aber
mich konnte das nicht trösten – ich wusste, was uns bevorstand.

Eine halbe Stunde vor Dienstschluss kam ein Gendarm mit
einem Motorrad mit Beiwagen. Es bedurfte vielen Zuredens,
um Tamar begreiflich zu machen, dass sie allein mit dem fremden Mann im Motorrad fortfahren musste. Ich versprach ihr
fest, in einer halben Stunde nachzukommen, und dann wollten
wir immer zusammen sein. Das Kind wirkte sehr vernünftig,
viel vernünftiger, als ihrem Lebensalter angemessen war – das
Leben hatte ihren Verstand geprägt. Ohne Widerrede stieg sie
ins Motorrad ein, ihr Instinkt sagte ihr, dass wir sie nicht belo-
gen hatten.

Ich fuhr mit der Kolonne der Schneiderstube zurück ins Ghetto, und dort erwartete mich schon Mizia mit dem Kind. Esther
hatte schon ein Bettchen für sie vorbereitet. Der Abend war
voller Glück für uns alle. Jascha kam von der Arbeit; er konnte
es nicht erwarten, sein Kind in die Arme zu nehmen. Den ganzen Abend hielt er sie, und er wollte sie nicht loslassen. Auch
Viera war glücklich, Tamar endlich in ihre Arme zu schließen.
Den ganzen Abend saßen wir zusammen, keiner wollte ins Bett
gehen, ehe Tamar in unseren Armen eingeschlafen war. Sie
schlief im Arm ihres Vaters ein, dann haben wir sie genommen
und in ihr Bettchen gelegt.

Tamar trug eine Kette mit einem Kreuz, an ihrem Bett hing
ein Bild der heiligen Maria. Jeden Abend betete sie zu Gott,
bekreuzigte sich und bat, dass er uns alle beschützen möge.
Auch Tante Jannina und Halinka schloss sie in ihr Gebet ein

und bat für uns alle um Erbarmen. Ich habe ihr nie das Bild weggenommen oder versucht sie von ihrem Gebet an die Jungfrau Maria abzubringen. Insgeheim hatte ich doch noch die Hoffnung, es werde sich für uns alle ein Platz auch außerhalb des Ghettos finden, wo wir in Frieden miteinander leben könnten.

Dieser Freudentag war aber zugleich ein Unglückstag für mich und andere. Gerade an diesem Tag kamen Beauftragte der Wehrmacht, um die Bücher über die Nahrungsmittel-Verteilung zu überprüfen. Mein Chef Tropida, wusste, dass ich nicht im Lager war und versuchte, mich als krank zu entschuldigen. Er sagte, ich sei im Krankenhaus, und schlug vor, die Überprüfung bis zu meiner Rückkehr zu vertagen. Aber die Männer bestanden auf einer sofortigen Prüfung; ein anderer sollte meinen Platz einnehmen. Angst breitete sich aus. Gens wurde gerufen. Er verlangte, dass man mich aus dem Krankenhaus herbeiholen sollte. Da erzählte Tropida ihm die Wahrheit. Keiner wusste, wie es nun weitergehen sollte, alle standen herum, bis Ginsberg kam, der mich ersetzen sollte. Aber die Bücher waren in meinem Schreibtisch eingeschlossen, die einzigen Schlüssel dazu hatte ich mitgenommen. Also wurde beschlossen, den Schreibtisch aufzubrechen. Inzwischen aber hatte Tropida den Kerlen von der Wehrmacht in seinem Kabinett ein Festmahl auftischen lassen, und man wollte sie essen und trinken lassen im Übermaß – vor allem trinken.

Inzwischen brach Ginsberg die Schubladen auf, holte die Bücher heraus und versuchte sie zu lesen. Er wollte alles daran setzen, mich würdig zu vertreten. Aber bald stellte es sich heraus, dass er überhaupt nichts verstand. Trotzdem betrat er stolz Tropidas Büro und verkündete, er sei jetzt in der Lage, alles zu erklären, was sie wissen wollten. Inzwischen aber waren alle so betrunken, Deutsche und Litauer torkelten nur herum, witzelten über alles mögliche und hatten sichtlich Mühe, rechts und links zu unterscheiden. Schließlich beschlossen sie lautstark, sie wollten wiederkommen, wenn die Buchhalterin gesund sei. Sie gingen endlich – und alles atmete auf.

Lewas, der Kommandant der Torwache, wütete und wollte wissen, wie ich denn überhaupt durch das Tor gekommen sei, dazu noch ohne sein Wissen. Er schrie sich richtig in Wut. Tropida kochte, weil ich die Schreibtischschlüssel mitgenommen hatte, und Gens tobte, das sei ein Zeichen, dass im Ghetto alles drunter und drüber gehe. Alle warteten auf meine Rückkehr.

Im Ghetto empfingen mich zwei Polizisten und brachten mich zu Gens. Dieser saß bereits mit Tropida, Lewas und Ginsburg in seinem Büro. Über eine Stunde ließen sie mich auf dem Korridor warten, bis sie mich riefen. Kaum stand ich vor ihnen, da fragten sie mich, wie ich denn überhaupt aus dem Ghetto herausgekommen sei. Ich berichtete, dass ich mich einer Gruppe von Arbeitern angeschlossen hätte, und dass selbst der Brigadier nichts davon bemerkt habe. Dann bat mich Gens, über meine Tätigkeiten außerhalb des Ghettos zu berichten. Ich erzählte ihnen alles der Reihe nach, sprach von meiner kleinen Tochter und dass ich sie zu mir ins Ghetto habe holen müssen. Lewas konnte sich noch nicht beruhigen, dass ich es gewagt hatte, ohne sein Wissen das Ghetto zu verlassen. Gens tadelte mich, ich habe verantwortungslos gehandelt – aber mehr, weil es seine Pflicht als Aufsichtsperson war. Lewas meinte, ich könne mich bei Gens und Tropida bedanken, dass ich nicht im Ghetto-Gefängnis oder sogar bei der Gestapo im Gefängnis gelandet sei. Tropida schwieg; er war froh, dass ich nicht verraten hatte, dass er mir dabei geholfen hatte.

Ich hatte Glück – alles war zum Besten verlaufen, man hatte mich nicht aufgehängt. Ich war zwischen Juden und bin lebendig nach Hause gekommen. Alle waren noch auf, auch die Familie Schkolnitzka. Es war ein Uhr in der Nacht und alle waren erleichtert, dass alles noch so gut abgelaufen war.

Am anderen Tag fing unser Leben zu dritt an. Meine Schwiegermutter konnte gar nicht genug von meinem Kind haben. Tamar war ein sehr süßes kleines Mädchen. Ich konnte nirgendwo mit ihr hingehen, ohne dass die Leute mich aufhielten, um das Kind anzuschauen. Alle anderen Kinder im Ghetto waren blass, nur sie mit ihren rosa Bäckchen fiel auf. Morgens vor meiner Arbeit brachte ich sie in den Kindergarten, er war eine

Privatgründung und nicht jeder konnte ihn sich leisten. Außer ihr waren noch fünf Kinder dort, und sie hatten es dort sehr gut. Mizia holte sie mittags zu sich und gab ihr zu essen. Mittags kochte ich für meine Familie, das heißt für Jascha, seine Mutter Viera und einen guten Freund von ihr, Abronowitsch. Die beiden waren Brigadiere in der gleichen Kolonne. Abends holte ich dann meine Tochter ab.

Da ich im Verpflegungsamt arbeitete, brauchten wir nicht zu hungern. Weil Jascha in Ponar arbeitete, hatte er fast jeden Tag Gelegenheit, etwas zu handeln. Er brachte etwas zum Verkauf, denn die Aktion, unser Kind zu holen, hatte uns um unsere ganzen Ersparnisse gebracht. Alles, was wir hatten, war dafür weggegeben worden. Ich nähte ihm eine Art Korsett, in dem er unbemerkt Mehl, eine Flasche Milch oder ein paar Eier für das Kind hereinbringen konnte. Die Eier trug er in seinem Hut. Alles, was ich so bekam, teilte ich auch mit unseren Mitbewohnern Schkolnitzki, vor allem wegen ihres Sohnes Bobke.

Eines Tages kam man Jascha doch auf die Schliche. Er hatte kein Mehl bekommen, also hatte er Gurken in seine Bauchtasche gesteckt. Und gerade da war eine besonders strenge Kontrolle. Man fühlte, dass er etwas bei sich trug, er musste ins Wachzimmer kommen und seine Hosen herunterlassen. Da fielen all die Gurken – es waren 60 Stück – auf den Boden. Das war so komisch, dass alle zu lachen anfingen. Ihm aber war das Lachen vergangen. Als sie merkten, dass er mein Mann war, ließen sie ihn laufen. Die Gurken haben sie beschlagnahmt. Zum Glück bekam er keine Schläge, aber unser ganzes Geld war mit den Gurken dahin. Ich bin noch hingelaufen und habe 30 Gurken zurückergattern können. Einmal bekam Jascha von einem Polizisten eine Backpfeife, da liefen ihm die zerbrochenen Eier über das Gesicht. Solche Dinge passierten täglich im Ghetto, aber das war nicht schlimm. Die Hauptsache war, dass man am Leben blieb.

Eines Tages wurde mir befohlen, zur Wachstelle zu kommen. Ich ging mit meinen zwei Helferinnen. Eine davon hieß Asia, sie wurde später bei der Auflösung des Ghettos von Partisanen erhängt. Als wir dort ankamen, trafen wir auf unseren größten

Feind, das war Moirer – »der Hund« – ein Mann von der Gestapo. Sie kontrollierten nun jeden, der das Ghetto betrat, und jeder, der mehr als 10 Mark bei sich hatte, wurde zur Prügelstrafe verurteilt, und das Geld wurde ihm natürlich abgenommen. Wir mussten uns an lange Tische setzen und das Geld zählen. Aus dem Strafzimmer drangen die Schreie der Ausgepeitschten zu uns herein. Plötzlich brachten sie einen jüngeren Mann herein. Wir alle kannten ihn, er war Arzt. Ich sah, wie sie ihm eine größere Summe Geld aus der Tasche zogen. Mir flimmerte es vor den Augen, mir wurde heiß. Moirer merkte das und durchbohrte mich mit seinem Blick, und ich sagte schnell ohne nachzudenken:

»Der Mann ist ein Verwandter von mir!« Moirer flog herum und sagte zu Lewas: »Dieser Mann wird seine Strafe hier bekommen, nicht in dem anderen Zimmer.« Und mit einem Seitenblick auf mich: »Damit auch die verwandte Dame es mit ihren eigenen Augen sehen kann.«

Sie rissen ihm Jacke und Hose herunter. Die Polizisten hielten ihn fest, während Lewas mit seiner Peitsche auf ihn einschlug. Der Mann begann zu schreien. Seine Schreie waren entsetzlich – und wenn ich auch mit dem Mann nicht verwandt war – meine Kraft reichte nicht aus, dieses Grauen zu ertragen. Ich fiel zu Boden, landete unter dem Tisch und verlor das Bewusstsein. Als ich erwachte, lag ich in Lewas Zimmer. Ich merkte, dass ich vollkommen durchnässt war, sie mussten einen Eimer Wasser über mich gekippt haben. Lewas stand vor mir, die Peitsche noch in der Hand. Er sagte: »Dein Glück, dass du unter den Tisch gefallen bist! Hätte Moirer dich erwischt, als du hingefallen bist, hättest du jetzt zwei Kugeln im Kopf!« Moirer war gerade einmal hinausgegangen, und den Moment hatten zwei jüdische Polizisten genutzt, um mich in Lewas Zimmer zu tragen.

Später gab Lewas einen Kommentar über die Situation im Ghetto. Er meinte, alle die, deren Nerven zu schwach seien, dies Leben zu ertragen, hätten keine Lebensberechtigung und müssten sterben.

Der Arzt, der ausgepeitscht wurde, hat das Ghetto überlebt und ist erst im vorigen Jahr in Jerusalem gestorben.

Ich zitterte vor Kälte, aber ich raffte mich auf und schlich zu Mizia. Erst bei ihr zu Hause verfiel ich in eine echte Hysterie. Sie half mir, gab mir trockene Wäsche und Kleidung und begleitete mich nach Hause. Am nächsten Tag hat man mich bei der Arbeit ausgelacht.

Eines Tages kam Jascha von der Arbeit, in sich zusammengesunken und ohne Lebensmittel. Er wollte nicht essen. Ich glaubte, er sei krank, und bereitete ihm ein Glas heißen Tee. Da sagte er: »Mache mir lieber kalte Kompressen anstatt Tee«, zog sein Hemd aus und ich sah, dass sein ganzer Rücken mit blutigen Striemen bedeckt war. Es stellte sich heraus, dass er von seinem Chef Schläge bekommen hatte, weil einer seiner Arbeiter eingeschlafen war und der Dampfkessel ausging.

Es hat 10 Tage gedauert, bis er seinen Rücken wieder anrühren konnte.

Ein neuer Befehl kam heraus, danach sollten alle im Ghetto, die arbeiten konnten, einmal im Monat außerhalb des Ghettos körperliche Arbeit leisten. Der Tag kam, an dem ich mich zur Arbeit stellen musste. Ich zog mich warm an, denn es war Winter und sehr kalt. Ich zog die Kapuze über den Kopf. Vom Arbeitsamt bekam ich einen Zettel, nach dem ich in eine Frauenkolonne eingeteilt war, die bei der Bahnstation arbeiten sollte. Wir gingen mit einer gewissen Befriedigung hin, zufrieden, dass wir endlich etwas Sonne abbekamen und frische Luft atmen konnten. Gleich nach unserer Ankunft wurden uns Hacken und Schaufeln gegeben – wir sollten Gräber schaufeln, soundso lang, soundso breit und zwei Meter tief. Die Erde war starr gefroren, und es kostete viel Kraft, mit der Schaufel in die Erde einzudringen. Ich hackte, meine Hände wurden schlaff und ich wurde sehr schnell müde. Die anderen Frauen waren schon an diese Arbeit gewöhnt, und sie rieten mir, nicht aufzuhören wegen der großen Kälte. Wenn das Grab eine gewisse Tiefe erreicht hatte, konnten wir uns im Graben etwas ausruhen. Der deutsche Aufseher, der Boss, schaut nicht nach unten.

Der Boss hatte ein rotes, verschrammtes Gesicht, er sah aus wie eine Bulldogge und wurde bei den Frauen »der Bösewicht« genannt. Alle fürchteten ihn wie das Feuer. In dem Augenblick, in dem ich versuchte, mich ein bisschen auszuruhen, kam er zu mir und sagte: »Ich sehe, man hat uns eine Neue geschickt, einen blonden Engel.« Ich antwortete nicht und schaufelte weiter. Er sagte noch: »Du musst nicht so schwer arbeiten wie die anderen. Komm mit mir in meine Hütte. Dort ist es warm, du bekommst auch Kaffee und meine Liege.«

Als ich diese Worte hörte, war ich wie versteinert – dann sagte ich zu ihm:

»Es ist sehr gütig von dir, mir so etwas vorzuschlagen. Leider bin ich heute krank, aber morgen werde ich auf deinen Vorschlag eingehen.«

Die Frauen waren neugierig und wollten von mir wissen, was er von mir gewollt hatte und was ich geantwortet hatte. Ich sagte ihnen, unten im Graben würde ich ihnen alles erzählen, und das tat ich dann auch. Sie erschraken sehr, denn es war ihnen klar, dass sie alle ausgepeitscht würden, wenn ich am anderen Morgen nicht erschiene. Ich versicherte ihnen, dass ich eine Krankmeldung schicken würde.

Am gleichen Abend ging ich zum Arbeitsamt und erzählte dort alles. Sie schickten am anderen Tag eine andere Frau und für mich eine Krankmeldung. Das war der einzige Tag, an dem man mich zu körperlicher Arbeit anforderte. Eine von den Arbeiterinnen, die bei uns im Haus wohnte, erzählte mir, dass der »Bösewicht« jeden Tag danach fragte, wie es mir ginge und ob ich schon gesund sei.

Eine neue Nachricht schwirrte durch das Ghetto. Danach sollten alle Arbeiter durchsucht werden, und wenn man Lebensmittel bei jemandem fände, würde der sofort verhaftet. Gerade an diesem Tag sollte Jascha bei der Tante vorsprechen, und sie wollte ihm ein Paket mitgeben.

Man hörte, dass schon eine ganze Kolonne verhaftet worden war. Ich ging zum Tor – es wurde mir finster vor den Augen. Die Litauer untersuchen jeden, der ins Ghetto hereinkam. Die HKP-Kolonne, wo mein Mann arbeitete, war nicht da. Ich rannte von einer Ecke zur anderen. Einige sagten, dass diese Kolonne verhaftet worden sei, andere, sie müsse länger arbeiten, und sie wüssten Bescheid und würden sich hüten, Lebensmittel mitzubringen.

Alle Kolonnen waren schon angekommen, nur diese nicht. Außer mir standen noch andere Frauen mit sorgenvollen Gesichtern am Tor, und außer mir noch meine Schwiegermutter und meine Schwester Mizia. Tamar war bei Schkolnitzkis, sie war sehr unruhig und weinte ständig. Sie wartete auf ihren Vater. Inzwischen war es acht Uhr abends geworden und die Litauer am Tor waren abgezogen. Wir wollten schon zu Dastler gehen und fragen, in welchem Kommissariat wir unsere Männer finden würden. Auf einmal hörten wir sie – sie waren da, mit Paketen voller Lebensmittel. Man kann unsere Freude nicht beschreiben, wir weinten vor Erleichterung. Es stellte sich heraus, dass sie auf dem Weg ins Ghetto von einem christlichen Mann gewarnt worden waren. Er lud sie zu sich ein, und sie gaben ihm ein Kilo Wurst als Dank. Dort haben sie gewartet, bis die Luft rein war, dann wagten sie sich heimwärts – es war schon sehr spät und ganz dunkel.

In dieser Bedrückung kam es ganz von selbst, dass man an Träume und Ahnungen glaubte. In einer Kolonne hatte man den Brigadier verhaftet und den Arbeitern alles beschlagnahmt. Die Frau des Brigadiers arbeitete mit mir im gleichen Amt. Nach der Arbeit kam sie sehr besorgt zu mir und erzählte, dass ihre Eltern, die schon lange tot waren, ihr im Traum erschienen waren. Sie hatten ihr gesagt, dass sie es kaum erwarten könnten, endlich ihre Enkelkinder zu sehen. Ich tröstete sie damit, dass man im Traum eben auch von seinen Sorgen verfolgt werde. Aber am nächsten Tag kam sie nicht zur Arbeit. Es stellte sich heraus, dass sie noch in der gleichen Nacht verhaftet worden war, ebenso wie ihre beiden Kinder und die Schwiegermutter. Man hat sie alle ermordet.

Man musste eiserne Nerven haben, um das alles auszuhalten. Ich erzählte bereits, dass wir mit Ytzchak Bernstein befreundet waren. Dieser, damals Kommissar vom fünften Bezirk, wurde am ersten Tag der Befreiung von Partisanen hingerichtet.

Uns hat Bernstein während der Zeit im Ghetto sehr geholfen. Und durch seine Hilfe konnte ich wieder anderen helfen – Bekannten und Unbekannten. Da ich mich in der Polizeistunde auch ohne Erlaubnis frei bewegen konnte, ging ich eines Abends zu ihm ins Kommissariat und bat ihn, einen Händler freizulassen, dem ich Lebensmittel zu verkaufen pflegte. Meine Bemühungen haben geholfen und er wurde freigelassen.

Da war auch zum Beispiel Frau Liebersohn, meine Nachbarin, eine Mutter von vier Töchtern. Eines Nachts schien aus ihrem Fenster Licht. Noch in der gleichen Nacht wurde sie verhaftet. Ich ging sofort zu Bernstein, doch er war schlecht gelaunt an jenem Abend. Ich bat, ich flehte ihn an, die Frau freizulassen, aber er brüllte mich an und warnte mich davor ihm ständig auf die Nerven zu gehen. Da schrie ich ihn an: »Was bildest du dir ein? Glaubst du, du bist Gott?! Ich sage dir, dein Tag wird noch eher kommen als der unsrige.«

Er wurde bleich. Auf eine solche Reaktion war er nicht gefasst gewesen. Meine Heftigkeit und Verzweiflung schienen ihn zu erschüttern und er sagte: »Warte nur, du kannst sie gleich mitnehmen.«

Eines Tages kam eine Krämerin zu mir und erzählte, dass man ihren Mann verhaftet hatte – man hatte weißes Brot bei ihm gefunden. Ich ging gleich und fragte nach Herrn Bernstein, aber er war nicht anwesend. Ich ging zu ihm nach Hause. Er war nach einer Nachtschicht noch am schlafen. Seine Frau hatte Angst, ihn aufzuwecken, aber ich ließ mich nicht aufhalten, lief in sein Zimmer und weckte ihn auf. Sein Gebrüll konnte man im ganzen Ghetto hören. Ich fing an zu weinen und erzählte ihm unter Tränen die ganze Geschichte. Ohne ein Wort weiter zu sagen stand er auf, zog sich an und ging mit mir. Durch sein Eingreifen musste der Mann nur eine Geldstrafe bezahlen, er war noch einmal gut davongekommen. Hauptsache, man kam nicht ins Gefängnis. Das Gefängnis auf der Lidskistraße war nicht ganz so schlimm, das Schlimme waren nur die Besuche der Gestapo, die ohne Vorwarnung erschienen.

Dies alles passierte in der Zeit, da schon viele Familien nach Ponar deportiert worden waren. Der Krämer war zwar freigesprochen, aber sein Geschäft konnte er nicht weiter betreiben. Er war zu Bernstein gegangen und wollte ihm als Dank ein paar Lebensmittel geben, aber Bernstein warf ihn hinaus mitsamt seinem Geschenk. Bernstein war böse mit mir – wegen meiner langen Zunge! – weil ich von seiner Hilfsbereitschaft erzählt hatte. Ich sollte nicht soviel herumerzählen, es würde mir nur schaden. Von da an war, wenn ich zum Kommissariat kam, Bernstein jedesmal nicht mehr für mich zu sprechen. Doch ich hatte genügend Ausdauer und konnte auf Umwegen erreichen, wieder mit ihm zu sprechen. Damals war im Ghetto eine sehr schwere Zeit, überall herrschte Hungersnot. Der Krämer vergaß mich aber nicht. Eines Tages kam er und brachte mir einen Laib Brot. Geld wollte er nicht von mir annehmen. Ich brach das Brot in gleiche Teile und verteilte es an alle Nachbarn.

Eine andere Geschichte muss ich noch erzählen. Wir wohnten, wie ich schon erzählt habe, mit Esther Schkolnitzki und ihrer Familie zusammen. Sie war eine sehr gutherzige Frau, aber in Bezug auf Sauberkeit sehr pedantisch. Sie bestand darauf, unser Zimmer immer selbst sauber zu halten, und da ich wusste, dass sie alles viel besser machte als ich, wollte ich auch nicht mit ihr darüber streiten. Sie arbeitete nicht so viele Stunden, und jeden Tag pflegte sie das Zimmer gründlich aufzuräumen. Wenn die Kontrolleure kamen, brachten sie immer Leute mit, um ihnen zu zeigen, wie die Zimmer im Ghetto aussehen sollten.

Eines Tages brachte Jascha 20 Eier mit nach Hause, 10 davon gab er Esther. Wir legten die Eier in einen tiefen Teller und stellten den auf die Kommode. Dauernd schauten wir sie an und waren entzückt; wir bewunderten sie wie die schönsten Blumen. Wir hätten sie verstecken sollen – zu frisch war noch die Erinnerung an Lluba Sublewitzki, die wegen einem Kilo Erbsen niedergeschossen wurde. Danach konnte man ermessen, was der Besitz von Eiern bedeutete, noch dazu 20 an der Zahl!

Für Lebensmittel hatten wir ein Versteck gefunden: am Fenster hatten wir ein paar Ziegel entfernt und konnten so unsere Lebensmittel verstecken.

Am nächsten Morgen gab ich meiner Tochter das Frühstück und eilte zur Arbeit. Vor lauter Eile vergaß ich, die Eier zu verstecken. Und gerade für diesen Tag hatte Moirer mit deutscher Begleitung eine Kontrolle der Zimmer angeordnet. Ich hatte noch einen Schimmer Hoffnung, dass Esther vielleicht die Eier verstecken würde. Als ich nach der Arbeit nach Hause kam, hörte ich, was passiert war. Esther hatte die Eier nicht versteckt. Sie hatte den Boden geputzt und hatte sich dann eine große Schüssel Wasser bereitgestellt, um sich zu waschen. So wie sie halb nackt dastand, kam Moirer mit seiner Begleitung herein. Er schaute sie an und seine Begleiter schauten auch. Dann fragte er sie, warum sie nicht bei der Arbeit sei, und sie antwortete, sie arbeite nachts. Dann haben sie sich alle umgedreht und haben das Zimmer verlassen. Zum Glück waren sie so geblendet von ihrem Körper, dass sie nichts anderes bemerkten. Esthers schöner Körper hat uns allen das Leben gerettet.

Es gibt ein Bild, das niemals in mir verlöschen wird: Jentele war die Tochter unserer Nachbarin. Mit ihren vier Jahren wurde sie immer noch an der zusammengeschrumpften Brust ihrer Mutter gestillt – das war damals im Ghetto ein ganz normaler Zustand. Sie hatte sehr große schwarze Augen, in denen eine dunkle, unergründliche Tiefe und Weisheit lag. Während die anderen Kinder miteinander spielten, saß sie stets bei den Erwachsenen, eine große, in Lumpen gehüllte Puppe im Arm. Hin und wieder besuchte sie uns, denn Jentele wusste, dass es bei uns manchmal etwas zu essen gab.

An einem Abend hörte ich jemand in der Küche sprechen. Ich wollte nachschauen, wer da war, aber eine innere Stimme hielt mich zurück. Ich stellte mich hinter die Tür. Von meinem Versteck aus konnte ich in die Küche blicken, und was meine Augen da sahen, was meine Ohren da hörten, kann ich mein Leben lang nicht vergessen. Jentele saß neben der Holzbank auf dem Boden. Sie hielt die Puppe fest in ihrer kleinen Hand und sprach zu ihr, während die andere Hand, zur Faust geballt, im Rhythmus ihrer Worte auf die Holzbank schlug. »Menschen! Menschen, warum habt ihr kein Mitleid mit mir? Eine arme Witwe bin ich, eine arme Witwe mit einer kleinen Tochter. Habt ihr kein Herz, Menschen? Wollt ihr uns dem Tode überlassen? Lasst uns in euren Bunker, Menschen! Meine Tochter wird nicht weinen. Meine Tochter weint nie, nicht einmal, wenn sie hungrig ist ... Ihr Mörder, Diebe! Lasst uns rein! Wenn ihr uns nicht reinlasst, werden wir euch melden. Wir werden euch den Männern übergeben – nein, nein, das tun wir euch nicht an. Lasst uns nur rein in euren Bunker, lasst uns rein, liebe Menschen. Ihr habt doch auch Kinder, ihr müsst doch verstehen, dass wir auch leben wollen ...«

Ich stand ohnmächtig in meinem Versteck hinter der Tür, ich konnte mich nicht bewegen, ich konnte nicht atmen, ich war wie zu Stein geworden. Auf einmal fühlte ich Tränen aus meinen Augen brechen. Ich weinte. Ich stürzte in die Küche und hob das Kind in meine Arme. Ich streichelte es, ich drückte es, wiegte es in meinen Armen, wollte es beruhigen, wollte es nie wieder loslassen. Das Kind aber war wieder Kind, es war Jentele, wie sie es immer gewesen war – und diese Jentele begann mich zu beruhigen.

»Ich spiele doch nur«, sagte sie. »Ich spiele nur so mit meiner Puppe. Manchmal, wenn meine Mutter auf der Arbeit ist, spiele ich so mit meiner Puppe.« Aber Jenteles Worte konnten mich nicht trösten – nicht dort, mit all dem Grauen um uns herum.

Ich hatte nie versucht, meiner Tochter Tamar abzugewöhnen, vor dem Schlafengehen zu Jesus zu beten und das Kreuz zu schlagen. Im Stillen dachte ich, es würde uns vielleicht zunutze kommen. Ich dachte: »Wir leben doch in einer grauenvollen Zeit, vielleicht wird ihr das helfen. Vielleicht wird sich alles normalisieren, wenn bessere Zeiten kommen.« Sie weinte oft, weil ich sie nicht nach draußen gehen ließ, mit den anderen Kindern zu spielen. Bobke Schkolnitzki war älter als sie und wollte mit ihr nicht spielen, und Spielzeug war nicht vorhanden. Ihr frisches braunes Gesicht wurde mit der Zeit blasser und sie ähnelte so den anderen Kindern. Eines Tages bekam sie hohes Fieber. Ich saß den ganzen Tag und die ganze Nacht neben ihr. Sie hörte nicht auf, dauernd zu phantasieren, und zeigte mit ihren Worten, dass sie Sehnsucht hatte nach grünen

Wiesen und nach Bäumen. Ich gab ihr dauernd zu trinken und bat Gott, er möge ihr Kraft geben, weiter zu leben. Sie und mein Mann, die beiden waren ja alles, was ich im Leben hatte, für sie beide lohnte es sich zu leben und zu arbeiten, zu kämpfen und am Leben zu bleiben. Es war eine schwere Zeit. Die Tage schlichen dahin – im Gegensatz zu heute, wo man manchmal nicht weiß, wo die Zeit geblieben ist.

Man wurde sehr egoistisch. Jeder sorgte sich nur um sein Leben. Heute denke ich manchmal daran zurück und wundere mich. Wieso stand die Zeit still? Jeder Tag kam uns vor wie ein Jahr. Jeder Tag brachte die Sorge um die Männer, die von der Arbeit heimkamen, die Sorge, dass sie nicht untersucht würden. Der Verlust der Lebensmittel war nicht das Wichtigste, die Hauptsache war, dass sie heil zurückkamen. Und dann, wenn sie kamen, musste man sehen, die mitgebrachten Sachen zu veräußern ohne erwischt zu werden. Denn das wäre das Ende meiner Arbeit in der Verwaltung gewesen.

Der Hausmeister meiner Schwiegermutter war ein Christ mit Namen Franzischek. Ihm hatten wir verschiedene Wertsachen gegeben. Er sollte sie versteckt halten und ab und zu etwas davon verkaufen, damit er uns mit dem Geld unterstützen könne. Denn was Jascha nach Hause brachte, reichte kaum zum Leben. Franzischek versuchte Jascha zu begegnen und gab ihm das Geld. Dann hatte man wieder Angst, dass er kontrolliert würde. Jeden Tag passierte etwas. Bald kam eine neue Plage auf – Raubüberfälle. Es waren Litauer, die sie begingen. Alle Leute fingen an, Schutzkeller zu bauen, fast in jedem Haus wurde einer eingerichtet. Man betete zu Gott, dass diese Plage an uns vorüberginge.

Eines Tages sah ich, wie meine Nachbarin Esther sich umzog, um auszugehen. Ich fragte sie, wohin sie gehen wolle. »Ich habe in der Stadt etwas zu erledigen.« Sie war schon ein paarmal dahin gegangen. Das bedeutete, dass man sich einer Arbeitskolonne anschloss und draußen den Judenstern herunternahm. Ein großes Risiko, aber für uns schien es nichts Besonderes. Als ich von der Arbeit zurückkam, war sie schon wieder zu Hause, und ich fragte, ob sie alles habe erledigen können. »Alles hat geklappt, wie geplant«, antwortete sie. Sie gab mir zu verstehen, dass sie abends, wenn die Kinder schliefen, mit mir sprechen wolle.

Wir saßen beim Abendessen gemeinsam am Tisch. Da kamen zwei jüdische Polizisten und forderten Esther auf, mitzukommen. Beim Hinausgehen nahm sie anstelle ihres Mantels den meinen, zog ihn an und ging mit. Chaim, ihr Mann, ist ebenfalls mitgegangen. Sie bat mich noch, Bobke, ihren Sohn schlafen zu legen. Wir wunderten uns sehr, dass sie die Mäntel verwechselte, aber wir glaubten, sie wisse schon, was sie tat.

Wir legten die Kinder schlafen, aber Jascha und ich blieben wach. Um zwölf Uhr in der Nacht waren sie noch immer nicht zurück, und wir beschlossen schlafen zu gehen, denn Jascha musste sehr früh zur Arbeit und auch mein Dienst fing um acht Uhr an. Aber wir waren sehr unruhig und aufgeregt und konnten nicht einschlafen. Vor dem Schlafengehen hatte ich aus unserem Versteck zwei Goldstücke herausgenommen, Jascha sollte sie in Mark umtauschen. Ich legte sie in einem Beutel auf die Kommode. In der Kommode war ein Versteck, das Chaim gemacht hatte; er hatte die Schlüssellöcher verbreitert, und darin steckten die Münzen.

Gegen zwei Uhr in der Nacht wurde es auf einmal hell – wir waren fast eingeschlafen – und sechs Polizisten und zwei Frauen kamen herein. Sie fragten uns, auf welcher Seite Schkolnitzkis wohnten, und wir zeigten ihnen ihre Schlafstelle. Sie fingen an, alles zu durchsuchen und machten ein fürchterliches Durcheinander, rissen die Betten auseinander und stellten alles auf den Kopf. Wie sie alles durchsuchten, fiel mir ein, dass noch der Beutel mit den zwei Goldmünzen auf der Kommode lag. Wir lagen auf unserer Holzpritsche wie gelähmt. Ich zitterte am ganzen Körper, die Decke verschob sich und die ganze Pritsche rückte hin und her. Jascha legte seine Füße auf die meinen, um mich still zu halten. Ein Polizist kam herüber und fragte, warum ich solche Angst hätte. Er befahl uns aufzustehen, und die ganze Prozedur fing auch bei uns an. Sie schüttelten alles aus und schauten in jeden Winkel. Die Kinder waren inzwischen wach geworden und beobachteten alles mit großen erschrockenen Augen. Trotz allem blieben sie ruhig liegen. Bobke musste aufstehen, sein Bett wurde auch durchsucht, Tamar durfte liegenbleiben. Alles wurde durchsucht, den Geldbeutel hatten sie in der Hand, aber sie beachteten ihn nicht weiter. Schließlich gingen sie weg und nahmen nur zwei Uhren, von Esther und Chaim, mit sich fort. Es war inzwischen vier Uhr in der Nacht.

Wir waren wie versteinert, wir wussten nicht, was hier vorgegangen war. Unsere Verstecke hatten sie nicht entdeckt – da wäre wohl etwas zu holen gewesen. Im Unglück hatten wir noch Glück gehabt, denn der Beutel mit den zwei Goldstücken hätte uns das Leben kosten können.

Früh am Morgen kamen Chaim und Esther zurück, beide blass und müde nach den Geschehnissen der Nacht. Sie waren nicht einmal verärgert über das Tohuwabohu im Zimmer. Esther gab mir ein Zeichen, nichts zu fragen. Es war Zeit aufzustehen und zur Arbeit zu gehen. Erst am Abend, als die Kinder schon schliefen, hörte ich, was wirklich geschehen war.

Ein Litauer, mit dem sie vor dem Krieg, als sie noch ein Textilgeschäft hatten, geschäftlich zu tun hatten, war jetzt bei der Gestapo. Vor kurzem war er zu ihr an den Arbeitsplatz gekommen und hatte ihr angeboten, ihr behilflich zu sein.

Ihre Mutter hatte in ihrer letzten Wohnung, wie auch in der vorigen, Goldstücke versteckt, und zwar unter dem Boden in einem Wasserbehälter. Ihre Mutter hatte ihr genau erklärt, wo sie alles versteckt hatte. In der ersten Wohnung war das Versteck aufgebrochen worden. Die Goldstücke waren weg.

In die zweite Wohnung gingen sie, Esther voran und der Gestapo-Mann mit der Pistole zum Schein auf sie gerichtet, gemeinsam. In der Toilette sollten dort im Wasserbehälter auch Goldstücke liegen. Tatsächlich fanden sie in ihm die versteckten 500 Goldstücke. Zum Schein sagte Esther, sie gehörten ihrer Kusine. Sie gab dem Litauer 10 Prozent, das waren 50 Goldstücke, aber er nahm nur 25 an und meinte, Esther gehörten die anderen 25. Als sie ins Ghetto zurückkam, stand Moirer am Tor, aber sie konnte ungehindert durchgehen, als er einmal wegging.

In der früheren Wohnung lebte jetzt eine litauische Familie. Als der Familienvater abends zurückkam, erzählte ihm seine Frau, dass Leute dagewesen waren, und er verstand sofort, dass es sich um frühere Bewohner gehandelt haben müsse, denn vor dem Krieg gehörte Schkolnitzkis das ganze Haus. Er fragte bei der Gestapo nach, ob sie Leute ins Haus geschickt hätten – und so kam die ganze Sache heraus. Bei der Gestapo herrschte große Aufregung, und sie kamen sofort ins Ghetto und fahndeten nach einer Familie Schkolnitzki. Es gab aber drei Frauen mit diesem Namen, die Mutter von Chaim, eine Kusine, die Krankenschwester war, und Esther. Alle drei wurden verhaftet und abgeführt.

Esther erzählte weiter, was in der Nacht passiert war. Sie sagte, es sei schrecklich gewesen. Außer ihr waren noch 40 Häftlinge da, und alle nacheinander wurden zum Verhör einzeln vorgeführt. Zuletzt blieben noch 7 Personen übrig, das war um vier Uhr früh. Man stellte sie alle an die Wand und die litauische Frau sollte die Besucherin herausfinden. Da hatte Esther schon im Stillen mit ihrem Tode gerechnet. Die Litauerin ist mindestens zehn Mal vorbeigegangen, aber sie hatte sie nicht identifizieren können. Esther meinte, es sei vielleicht deshalb gewesen, weil sie meinen Mantel und mein Kopftuch angehabt hatte. Das Ende war, dass man die Frauen freigelassen und ins Ghetto zurückgeschickt hat. Sie hatten keine Passierscheine, aber sie kamen trotzdem heil im Ghetto an, keiner hatte sie aufgehalten. Solche Wunder konnten auch geschehen.

Jetzt lebt Esther in Paris. Chaim und ihr Sohn Bobke sind umgekommen. Chaim ist an Typhus gestorben, Bobke hat man ihr weggenommen und umgebracht.

Es war ein Wunder, wenn man morgens aufstehen und zur Arbeit gehen konnte – und es war ein Wunder, wenn man sich abends wieder zu Hause fand und schlafen konnte.

Ich kann mich an einen Herrn mit Namen Kaufmann erinnern. Früher war er ein Vertreter für Nähmaschinen und Zubehör, und da ich ein Geschäft »Senit« für Nähmaschinen hatte, hatte ich oft mit ihm zu tun. Er war ein sehr gut aussehender Mann in mittleren Jahren. Man erzählte, dass er mit seiner Frau sehr glücklich lebte: sie hatten keine Kinder und gingen immer Hand in Hand spazieren. Wir alle haben sie bewundert. Ich hatte volles Vertrauen zu ihm, er war ehrlich und anständig, und er vertraute auch mir.

Eines Tages, als ich an der Gemeinschaftsküche vorüberging, hörte ich eine Stimme, die meinen Namen rief. Ich schaute in die Richtung, aber ich sah niemand. Wieder rief jemand meinen Namen. Da sah ich einen Mann in Lumpen stehen und erkannte Herrn Kaufmann.

Er stand da, ganz heruntergekommen und in Lumpen, gebückt und eingefallen, er weinte wie ein Kind. Er erzählte, wie man sie mitten in der Nacht aus dem Schlaf holte und ins Lukischka-Gefängnis brachte. Seine Frau wurde sofort erschossen, und er wusste nicht, warum. Ihn hatte man laufen lassen. Er blieb zurück, allein, mittellos, krank und ganz zerbrochen. Ich erinnerte mich an ihn, wie er früher war: ein ansehnlicher, gut gekleideter Mann, immer ging ein Duft von teurem Parfüm von ihm aus. Jetzt war er ganz zerbrochen, ohne Geld und krank, ohne Kraft zu arbeiten.

Ich arbeitete damals allein in meinem Geschäft. Mein Mann Jascha arbeitete halbtags in einer Gerberei und die andere Zeit half er seinem Opa. Dieser hieß Rifkind und die ganze Stadt kannte ihn, er handelte mit Fisch.

Es ging mir nicht aus dem Kopf, dass Kaufmann so heruntergekommen war, so ein netter Mann! Als erstes habe ich ihn zum Ghetto-Café geführt – das war ein Restaurant für die Arbeiter in der Verwaltung. Früher war hier ein Textilwarenhaus, es lag in der Rudnitzkistraße und gehörte einem gewissen Jankilewitz. Jetzt wurde es von einer Frau Alperowitz geleitet, einer guten Bekannten von uns. Das Essen war dort viel besser als in der Gemeinschaftsküche. Frau Alperowitz gab Kaufmann sofort etwas zu essen.

Ich saß ihm gegenüber und sah mit großer Befriedigung, mit welch' großem Appetit er die Erbsensuppe aß. Ich besorgte ihm Essensmarken, damit er berechtigt war, dort zu essen. Dann gab ich ihm ein Hemd, Jacke, Hose und Schuhe von Jascha, er sollte nicht so zerlumpt herumlaufen. Ich sammelte von allen

Bekannten, auch von Bernstein, Anziehsachen. Er wohnte in einem Keller, in dem am hellen Tage die Mäuse herumliefen. Man kann sich heute nicht mehr vorstellen, dass in dieser Zeit, wo alle Mangel litten, jeder noch etwas für einen anderen abgab.

Kaufmann erzählte mir im Vertrauen, dass er einem gewissen Händler mit Namen Targonski, der auch mit Nähmaschinen handelte, Geld und Wertsachen zur Aufbewahrung gegeben hatte. Sein Geschäft befand sich an der Kreuzung der Troki- und Deitastraße. Wenn man zu ihm hinkommen könnte, könnte man vielleicht einen Geldbetrag und Sachen herausbekommen, die ihm das Nötigste zum Leben bringen könnten. Ich wollte für ihn versuchen, den Mann aufzusuchen, aber Jascha verbot es mir, mein Leben so aufs Spiel zu setzen.

Wir versahen Kaufmann mit Marken, mit denen er die öffentliche Badeanstalt aufsuchen konnte. Danach stank er nicht mehr. Wenn ich bei meiner Arbeit saß, neckten mich meine Gehilfinnen: »Frau Schapiro, dein Liebhaber ist da!« Herr Kaufmann stand beim Ausgang und wartete immer darauf, dass ich aus dem Haus trat. Dann küsste er meine Hand und sagte: »Du und deine Familie werden überleben wegen eurer Hilfsbereitschaft.« Trotz meiner Bitten, er möchte doch nicht immer auf mich warten, bestand er darauf. Er meinte, ohne meine Hilfe und ohne mich zu sehen könne er nicht am Leben bleiben.

Einmal konnte ich mich einer Kolonne anschließen, die auf der Deutscherstraße arbeitete. Dort ging ich zu Targonski und bat ihn, Herrn Kaufmann zu helfen, da dieser in großen Schwierigkeiten sei. Targonski schaute mich an, als ob er mich nicht kenne und schrie: »Wenn du nicht sofort mein Geschäft verlässt, hole ich die Gestapo!« Ich machte mich so schnell wie möglich aus dem Staub.

Einmal kam Askia Big zu mir und sagte mir, dass sie in der Kolonne auf dem Hof Herrn Kaufmann gesehen hatte. Man sammelte Männer von der Straße auf, weil man eine Anzahl zur Arbeit für die Deutschen zur Verfügung stellen musste. Im Stillen wussten wir, dass wir diese Männer nicht wiedersehen würden, sie würden nicht mehr zurückkehren. Ich lief zum Arbeitsamt und behauptete, Kaufmann sei mein Verwandter.

Nach vielen Mühen gelang es, ihn zwischen den vielen Männern wieder herauszuholen. Er weinte wie ein Kind und wusste nicht, wie er sich bedanken sollte. So sehr erniedrigte dieses Terrorsystem die Menschen, dass es ihnen alle Menschenwürde nahm. Aber in dieser bitteren Zeit, wo jeder nur ans Überleben dachte, lebte mein Neffe Samek in einer Welt der Phantasie. Heute ist er der bekannte Maler Schmuel Bak. Der blasse Junge beschäftigte sich mit Malen oder knetete aus Lehm verschiedene Skulpturen. Im letzten Winter schuf er eine Skulptur von Moses. Abends, wenn ich Tamar abholen kam, hatte er immer eine Beschäftigung für mich. Ich musste mich als Modell so hinsetzen wie Moses, und er maß meine Beine vom Knöchel bis zum Knie und dann vom Knie bis zum Knöchel. Dann zerbrach er die untere Hälfte der Skulptur und fing an, ihr eine neue Form zu geben. Es dauerte lange, bis er fertig war, aber es wurde ein Werk wie von einem Meister. Bekannte meiner Schwester beschafften ihm Bronzefarbe und die Figur wurde bestrichen. Gens bekam sie von der Ghetto-Verwaltung geschenkt. Er stellte sie in seinem Kabinett auf. Das Gesicht dieses Moses kann ich nicht vergessen, es sah aus, als ob er die ganze Welt anklagen wollte.

Dann passierte etwas Fürchterliches: Der Mörder Weiß zerstörte die Figur, er schlug sie aus lauter Wut mit einem Stock in Stücke, er konnte den Anblick nicht ertragen. Zwar wurden die Stücke zusammengesucht und zusammengeklebt, aber der Kopf blieb verschwunden. Im Geheimen hatte man eine Ausstellung von Sameks Werken gemacht, Deutsche durften davon nichts erfahren. Vielen, die am Leben geblieben sind, ist die Erinnerung daran geblieben. Von den Bildern ist leider keines erhalten.

Es fingen bittere Tage für uns an.

Wenn ich heute an das Ghetto zurückdenke, höre ich immer den gleichförmigen Rhythmus, mit dem die Holzschuhe der Arbeitskolonnen auf dem Straßenpflaster klangen, am Morgen, wenn die Menschen zur Arbeit gingen und am Abend, wenn sie zurückkamen. Noch heute – in der Erinnerung – liegt für mich im Klicken der Holzschuhe die ganze Verzweiflung jener

Tage. Es war eine Verzweiflung, die in alle Bereiche unseres Lebens drang, sie drang durch die Poren unserer Haut bis in unsere innersten Gedanken. Nur wenige hofften auf irgendwelche Verbesserungen, keiner glaubte mehr an ein Glück.

Während ich diese Zeilen niederschreibe, erinnere ich mich eines Bewohners von Wilna. In den Tagen des Friedens war er Rechtsanwalt gewesen und im Ghetto wurde er Pessimist. »Noch zwei oder drei Tage, dann beseitigen sie uns alle!« Diese Worte konnte man von ihm hören, und allzuviele waren seiner Meinung. »Iss und trink, denn morgen werden wir sterben!«

Im Ghetto lebten viele nach diesem Leitspruch. Die Sehnsucht, der Wirklichkeit zu entfliehen, für wenige Stunden alles zu vergessen, schlug sich nieder in einem übermäßigen Alkoholkonsum – das heißt, für jene, die sich, aus welchen Quellen auch immer, Alkohol beschaffen konnten. Die Prostitution hatte eine Blütezeit. Genießen, genießen, alles in sich hineinschlingen, so viel es ging, wann immer es ging, wo es nur möglich war! Die Dachböden der Häuser wurden zu Treffpunkten, sie waren Orte des Beisammenseins, des Austausches für alle diese Menschen.

Aber es gab Ausnahmen, vor allem jene Jugendlichen, die zu einer Untergrund-Organisation gehörten. Ihre Motivation zum Kampf schöpften sie aus ihrer Sehnsucht nach einem höheren Lebensziel. Über sie allerdings erfuhren wir nicht viel. Aber es gab ältere Menschen, deren Lebensweise uns, auch wenn sie nicht in einer Organisation waren, ein Vorbild wurden.

Die Trostlosigkeit der Tage, der Schrecken, das Grauen, die uns auf all unseren Wegen im Ghetto begleiteten, fanden ihren Höhepunkt im Fall Itzik Wittenbergs.

Wittenberg war der Kommandant der Untergrundbewegung im Ghetto. Eines Tages wurde er von der Ghettoleitung gefasst. Sie verhafteten ihn, um ihn an die Deutschen auszuliefern. Wir anderen im Ghetto wussten keinerlei Einzelheiten über ihn. Wir erfuhren nur, dass die Deutschen seine Auslieferung verlangten – anderenfalls wollten sie das ganze Ghetto in die Luft sprengen. Wittenberg wurde aber von der Untergrundbewegung befreit. Das war ein Schock für das ganze Ghetto. Wir zitterten vor den Vergeltungsschlägen, die wir zu erwarten hatten. Zwei Tage lebten wir in Todesangst, kein Mensch ging arbeiten. Wir verriegelten unsere Häuser, sperrten uns selbst darin ein – bis bekannt wurde, dass Wittenberg sich selbst den Deutschen gestellt hatte und sich der Gestapo auslieferte. Wenig später ging das Gerücht um, er habe sich bei seiner Verhaftung selbst umgebracht.

Aus dieser ganzen schrecklichen Zeit ist mir die Dankbarkeit im Herzen geblieben für die Nonnen im Kloster. Matuschka, Schwester Lucia und Benedikta. Ein kleines Gebet ist mir aus dieser Zeit im Herzen geblieben, ein Gebetbüchlein mit Bildern von Heiligen, ein kleines Halsband mit einem Kreuz. Die habe ich von ihnen geschenkt bekommen. Sie haben mich begleitet und mir Mut gegeben, um mein Leben und um das meines Kindes zu kämpfen. Sie sind bis heute in meinem Besitz geblieben.

Abschied vom Ghetto

Es war der 1. September 1943 in der Nacht. Wir schliefen alle, mit der Zeit hatte man sich an die harten Matratzen gewöhnt. Die Fenster waren mit weißer Farbe angestrichen, damit man nicht hinaussehen konnte. Man sollte keinen Ausblick in die freie Welt haben. Unser Fenster lag dem Kloster gegenüber.

Plötzlich hörte ich schwere Soldatenschritte. Zuerst dachte ich, es sei ein Traum. Ich öffnete die Augen, ringsum herrschte Totenstille, eine bedrückende Stille. Auch Jascha wachte jetzt auf. Wir versuchten durch die Fensterritzen zu sehen. Wir hörten weiter Stiefelgeräusche – zwischen dem Kloster und uns standen deutsche Soldaten, alle mit Gewehren bewaffnet, etwa jeden Meter einer neben dem anderen. Der Moment, vor dem wir alle gezittert hatten war gekommen! Wir waren umzingelt, es war das Ende. Neben Jascha standen auch Esther und Chaim. Chaim sagte: »Weckt die Kinder auf und zieht sie an. Packt eure nötigsten Sachen zusammen.«

In der Nähe war ein Bunker, keine Zeit war zu verlieren. Wir beeilten uns so schnell wir konnten. Jascha nahm Tamar auf den Arm und wir gingen hinaus. Auf der Treppe drängelten sich die Menschen. Jascha wollte noch hinein zu seiner Mutter, aber es war kein Durchkommen mehr, wir wurden von der Menge weitergeschoben. Ich versuchte, mit meinen Lieben zusammen zu bleiben. Dann waren wir schon auf dem Hof. Ein viereckiges Loch war im Boden, das zu einem Schutzkeller führte. Die Öffnung war sehr schmal, und wir mühten uns durchzukriechen, Hände griffen nach mir und zogen mich hinab. Wir schleppten uns zu einem kleinen Gitterfenster, da bekam man wenigstens ein bisschen Luft. Es war so eng, dass man sonst kaum Luft bekommen konnte.

Wir saßen schon einige Stunden im Bunker, man konnte keinen Laut von draußen hören. Niemand sprach, auch die Kinder waren ganz still. Man hatte Angst, sich zu bewegen. Auf einmal ertönte eine Stimme: »Alle Männer müssen hinaus und sich draußen in Reihen aufstellen! Die Frauen und Kinder dürfen zurück!«

Wir alle fingen an Abschied zu nehmen. Es geschah alles ohne Tränen, kein Weinen war zu hören, es war still wie in einem Grab.

Jascha küsste mich und das Kind. Er sagte: »Wir werden uns bestimmt noch sehen.« Wie immer war er auch jetzt noch Optimist.

Jascha und die übrigen Männer gingen hinaus. Falls sie das nicht getan hätten, wären die Bunker von den Deutschen gesprengt worden.

Auch wir Frauen konnten jetzt den Bunker verlassen, aber wir kamen in einen anderen Hof. Der Ausgang zur Straße war von den Soldaten abgesperrt. Wir gingen in eine fremde Wohnung und versuchten, bekannte Gesichter zu entdecken. Es herrschte eine eiserne Ruhe, niemand sprach, man wagte es nicht. Gerüchte gingen um, dass sämtliche Männer zum Tor hinausgetrieben worden waren und dass man sämtliche Bunker gesprengt hatte, aus denen die Männer nicht herauskommen wollten. Plötzlich fing eine Frau an zu schreien: »Gebt mir einen Strick, ich will mich aufhängen!« Wir alle erklärten ihr, es sei jetzt nicht die Zeit sich aufzuhängen. Da sagte sie: »Aufhängen will ich mich eigentlich nicht, nur die Hände und die Füße zusammenbinden, damit sie bei der Sprengung nicht auseinander gerissen werden.«

Ich merkte, dass mein Mantel im Bunker geblieben war. Ich ging zurück, um ihn zu holen, aber er war verschwunden. Aber ich fand einen Ausgang aus dem Bunker, der in unseren Hof führte. Ich lief zurück, nahm mein Kind und konnte in meine Wohnung zurückfinden. Dort fanden wir meine Schwiegermutter, ganz in Tränen aufgelöst. Sie hatte sich nicht von ihrem Sohn verabschieden können, auch Abronowitsch war nicht da. Sie rannte zum Tor, um Jascha noch einmal zu treffen, aber er war schon weg.

Ich war mit meinem Kind im Zimmer allein und gab ihm etwas zu essen. In dem Moment kam Esther herein, sie hatte sich den Kopf ganz kahl geschoren, nahm einen Anzug von Chaim aus dem Schrank und zog ihn an. Sie sagte zu mir: »Ich habe beschlossen, mit den Männern zu gehen, ich will Chaim und Bobke begleiten.« Im letzten Augenblick konnten wir sie überreden, noch zu warten. Wir gaben ihr einen Rucksack mit Proviant mit und küssten uns zum Abschied und ich sagte noch: »Esther, achte auch auf Jascha.«

Am gleichen Tag hörten wir eine neue Nachricht: Alle Frauen und Kinder, deren Männer nach Estland abtransportiert worden waren, könnten sich anschließen. Der Sammelplatz war am Tor, morgen um 8 Uhr früh.

Ich beschloss sofort mitzugehen. Ich lief schnell zur Verwaltung und sagte dort, dass ich beabsichtigte, mich den Männern anzuschließen. Der Chef führte mich in den Keller und riet mir, so viel Proviant mitzunehmen, wie ich nur tragen konnte. Vielleicht konnte ich so hungernden Leuten helfen. Aber mehr als 10 Kilo Proviant konnte ich nicht fortschleppen, mit einem Kind konnte ich nicht mehr schaffen.

Abends eilte ich nach Hause. Die Straßen waren leer, keine lebendige Seele war zu sehen. Gern hätte ich noch meine

Schwester besucht, aber ich hatte Angst, sie würde mir von meinem Vorsatz abraten.

In der Wohnung fing ich an zu packen, denn man konnte soviel Sachen einpacken wie man wollte. Ich packte für uns und für Schkolnitzkis. Ich war noch sehr naiv und glaubte tatsächlich, man würde uns die Sachen nachsenden.

Die ganze Nacht packte ich und unterhielt mich mit meiner Schwiegermutter. Das einzige, was ich aus unserem Gespräch behalten habe, war, dass sie mir sagte:

»Ich habe dich so lieb, als hätte ich dich unter meinem Herzen getragen.« Sie gab mir eine Uhr und einen Ring, die ich an mir verbarg und die ich bis heute behalten habe. Sie sagte mir noch:

»Der Ring ist ein Familienerbstück seit Generationen. Es heißt, dass der, der den Ring trägt, immer etwas zu essen haben werde: ›Brot wird ihm nicht fehlen.‹«

Morgens kamen Arbeiter und nahmen die Pakete mit. Alle Pakete waren mit großen Aufschriften versehen mit den Namen Schapiro und Schkolnitzki.

Den ganzen Morgen strömten Frauen mit ihren Kindern zum Tor. Ich hielt Tamar an der einen Hand, in der anderen hatte ich eine ziemlich große schwere Tasche, aber ich fühlte ihr Gewicht nicht. Um 9 Uhr fingen wir an fortzumarschieren. Ringsherum standen Soldaten mit Maschinengewehren, und wir waren zuerst sehr furchtsam. Wir glaubten, wir würden jetzt nach Ponar zur Erschießung getrieben. Wir wurden weiter getrieben, ohne einmal zu rasten. Endlich kamen wir an ein Riesengebäude, das in der Nähe des Bahnhofs lag, es hatte den Namen Rosi.

Ich war froh, dass ich meine Tasche bei mir hatte, mit etwas Brot, Butter und Marmelade. Alle, die freiwillig gegangen waren, hatten etwas zu essen mitgenommen. Zwei Tage saßen wir an diesem Sammelplatz fest. Dort bekam ich durch unseren Freund Epstein eine Nachricht von meiner Schwester. Sie schrieb, dass Epstein mir behilflich sein könnte, wieder ins Ghetto zurückzukehren. Aber mein Entschluss stand fest. Das sagte ich ihm, und dass er meine Schwester herzlich von mir grüßen sollte. Am nächsten Tag tat es mir schon leid, dass ich mich so entschieden hatte.

Es kamen noch viele Frauen zu uns hinzu, auch noch einige Männer. Um uns war es finster geworden. Das was dort geschehen ist, kann man gar nicht beschreiben. Es sind Berichte wie aus Dantes Inferno.

Wir wurden in Viehwaggons verladen, jeder wollte der Erste sein, um einen besseren Platz zu bekommen, aber wir wurden hineingepresst wie die Sardinen, und es war eigentlich auch kein Platz mehr zum Stehen. In den ganzen Haufen Leute wurde eine nackte Frau geworfen. Sie war ganz von Sinnen, sie schrie und weinte und lachte. Es war die Mutter von Ralka Solikowsky. Jemand warf ihr einen Mantel über. Ich versuchte mit ihr zu sprechen, um sie zu beruhigen. Als ich den Namen ihres Sohnes nannte, wurde sie ruhiger. Man setzte sie in eine Ecke neben der Tür.

Dann wurden vier Freiwillige aufgefordert, Wasser und Brot zu holen. Ich ging mit, und wir bekamen einen Laib Brot für vier Personen und eine Flasche Wasser für zwei Personen. Wir versuchten dem Polizisten zu schildern, wieviele Menschen im Waggon waren, aber wir stießen auf taube Ohren. Es gab für jeden Waggon gleich viel Brot und Wasser, ganz gleich, wie viele Leute zu verpflegen waren. Wir bekamen jeder unsere Ration und gingen in den Waggon zurück, um sie auszuteilen. Aber die Menschen waren wie Tiere geworden, einer verdrängte den anderen, vor lauter Drängen fiel einer über den anderen. Ich fing an zu schreien und versuchte ihnen klarzumachen, dass so keiner etwas bekommen würde. Aber alles war umsonst. Es war viel zu wenig da. Wir beschlossen, dass nur an Kinder, Alte und Kranke ausgeteilt werden sollte.

Aber die Leute fingen an zu schreien und zu randalieren, keiner wollte auf sein Stückchen Brot verzichten.

Es wurde Abend, und wir warteten und warteten – die Waggons rührten sich nicht. Dann, am nächsten Tag wurden wieder Menschen zu uns hineingedrängt, Alte, Kranke und Irre. Panik machte sich breit, das waren doch keine Arbeiter! Man führte uns zum Erschießen. Die Menschen fingen an, von den

Waggons zu springen, um zu entfliehen. Sie wurden sofort von den Soldaten niedergeschossen. Ich selbst stand mit gespreizten Beinen über Tamar, die unter mir auf unserer Tasche saß.

Gegen Abend merkten wir, dass die Waggons anfingen, sich zu bewegen. Wir waren sehr aufgeregt und glaubten, dass unsere Fahrt nach Ponar zum Erschießen gehen würde. Wir standen und warteten, was das Schicksal uns bringen würde. Einige von uns beteten zu Gott, einige fluchten, keiner weinte. Die Kinder gaben keinen Laut von sich, sie blickten voller Angst in die Gesichter ihrer Mütter.

Endlich fühlte man eine kleine Erleichterung – Ponar lag hinter uns!

Wir versuchten, eine gewisse Ordnung im Waggon zu schaffen. Kinder, Kranke und Alte wurden an die Wände gerückt, wo sie sitzen konnten. Alle anderen mussten stehen bleiben, Tamar schlief vor lauter Müdigkeit ein.

Ich stand neben dem vergitterten Fensterchen, hielt mich an den Stäben fest und blickte in den Himmel. Ich betete zu Gott, er möge uns doch ein Zeichen geben, wohin man uns führte. Ich betete so inbrünstig, dass ich fast in Ekstase geriet. Da sah ich, wie ein Feuerpfeil vom Himmel in unseren Wagen fiel und dann verschwand. Da wachte ich auf wie aus tiefem Schlaf, und mir wurde klar, dass wir unserem Ende entgegenfuhren. Da beschloss ich, jede Möglichkeit zu nutzen, um zu entkommen. Lieber wollte ich auf der Flucht erschossen werden, als hier tatenlos auf den sicheren Tod zu warten.

Morgens in der Frühe lagen schon einige Tote im Waggon. Wir fingen alle an zu weinen. Als der Zug einmal hielt, schrien wir durch das Fenster, man sollte doch die Toten herausnehmen – der Geruch der Leichen war höllisch. Endlich ging die Tür auf, und Soldaten nahmen drei Leichen heraus. So konnten wir ein bisschen aufatmen, weil wir ein bisschen mehr Platz hatten.

Eines Morgens hörten wir von Frauen, die in einer Ecke saßen, ein fürchterliches Geschrei. Ein Mann, der in Wilna als »der wahnsinnige Student« bekannt war, saß bei uns im Wagen. Früher war er jeden Tag zu meiner Mutter in den Laden gekommen und hatte sich einen Zloty erbettelt. Um sich etwas mehr Platz im Waggon zu verschaffen, hatte er sein großes Geschäft in der Ecke um sich herum gemacht. Ich habe ihn angesprochen und ihn daran erinnert, wie er früher immer seinen Zloty bekommen hat. Ich bat ihn, mir zuliebe seinen Schmutz wegzuwischen – sonst bekäme er später keinen Zloty mehr von meiner Mutter Schifra. Das begriff er. Er zog seine Jacke aus – darunter hatte er noch mehrere Jacken übereinander an – und wischte alles um sich herum sauber. Die Jacke warf man aus dem Zug. Die Gemüter hatten sich beruhigt, aber der Gestank blieb noch eine ganze Weile

Die Räder des Zuges klopften wie unsere Herzen. Mein ganzes Brot hatte ich an die Kinder und Kranken verteilt. Ich kann mich nicht erinnern, wieviele Nächte wir so gefahren sind. In einer Nacht, als ich einen Platz zum Sitzen bekommen hatte, hörten wir aus den anderen Waggons schreckliches Geschrei und das Knattern von Maschinengewehren. Dann war unheimliche Ruhe. Die Tür ging auf. Wir saßen wie versteinert und warteten. Ein Scheinwerfer beleuchtete uns. Vier Gestapoleute mit Gewehren standen uns gegenüber. Sie schrien: »Hände hoch! Geld und Schmuck in den Kasten! Wir kontrollieren alles, und wenn sich herausstellt, dass jemand noch etwas zurückbehalten hat, werden alle ohne Ausnahme niedergeschossen!«

Der Ring, den meine Schwiegermutter mir gab, war in Tamars Mantelsaum eingenäht, die Uhr war in der Tasche. Eine Uhr trug ich, und die gab ich ab.

Es war schwer, sich aufzuraffen und hinauszugehen in das Zelt, wo die Soldaten ihre Flinten auf uns richteten. Ich stand ganz automatisch auf, und die anderen gingen hinter mir her. Nach dieser Aktion verlangten sie, dass wir unsere Köpfe erhoben. Sie suchten sich die zwei hübschesten Mädchen heraus, sie waren 14 und 15 Jahre alt. Das geschah vor den Augen der Mütter und Schwestern, die schrien und jammerten. Dann herrschte unheimliche Ruhe, wir standen wie paralysiert. Keiner konnte ein Wort hervorbringen, Tränen ergossen sich aus den Augen der Mütter und Schwestern. Die ganze Nacht hörten wir fürchterliche Schreie und Schüsse. Man hatte die Mädchen zuerst vergewaltigt und dann niedergeschossen. Das haben wir verstanden.

Gegen Morgen ging die Reise weiter, die Räder gerieten wieder ins Rollen. Es waren schreckliche Tage und Nächte, aber sie sind aus meinem Gedächtnis verschwunden.

Nach vielen qualvollen Tagen kamen wir in Estland an. Einigen Frauen, auch mir, befahl man, alles Gepäck aus den Waggons auszuladen. Wir arbeiteten wie die Pferde, dafür bekam jede von uns einen Laib Brot. Nach der Arbeit mussten wir wieder in die Waggons zurück, dort blieben wir 24 Stunden.

Es war wieder früher Morgen. Wir wurden aufgefordert, aus den Waggons auszusteigen. Wir sollten keine Sachen mitnehmen, man versicherte uns, dass wir wieder in unsere Wagen zurückkämen. Zur Sicherheit nahm ich aber meine Tasche und mein Kind an die Hand. Alle mussten wir zu einem großen Platz gehen und uns zu zweit aufstellen. Ich stand mit meinem Kind in einer Reihe, vor uns und hinter uns war eine lange Schlange Menschen.

Vor uns stand ein Gestapomann in mittlerem Alter, mit einer Brille. An beiden Seiten standen Offiziere und hinter ihnen viele Soldaten. Er hielt einen Stock in der Hand und dirigierte: »Rechts – links!«

Wir sahen: rechts standen Kinder, Alte und Kranke, links standen Leute mittleren Alters. Wir alle verstanden, was das bedeutete. Es war so still wie in einer Kirche. Keiner weinte, es war als wären alle schon tot.

Jetzt kam ich mit meinem Kind an die Reihe. In dem Augenblick warf ich meine Tasche hin und nahm Tamar auf den Arm. Ich hatte das Gefühl, dass man mir hier, vor den Augen aller Menschen, mein Kind nicht mit Gewalt aus den Armen reißen würde. Der Mörder stand vor mir, aufgeblasen wie ein Pfau, und sagte mit sarkastischer Stimme: »Lass dein Kind los, du bist ja noch jung!«

Ich sah ihn voller Verachtung an und drückte mein Kind noch fester an mich. Plötzlich schrie er auf und zeigte mit seinem Stock – nach rechts!

Nach der Selektion wurden wir zu den Waggons zurückgetrieben. Aber wir kamen nicht wieder in unsere alten Wagen. Ich erinnerte mich, dass unser Wagen ziegelfarbig gestrichen war. In unserem neuen Wagen waren fremde Sachen, aber auf der anderen Seite standen noch Waggons, darunter auch der, mit dem wir gekommen waren. Wieder wurden Frauen aufgerufen zum Wasserholen. Gleich sprang ich vom Wagen und war schon draußen. Anstatt zum Wasser lief ich schnell zu unserem alten Wagen und schnappte Tamars Pelzmantel heraus. Als ich auch noch unsere Tasche nehmen wollte, in der noch etwas zu essen war, erwischte mich im gleichen Augenblick ein Soldat. Ich fiel aus dem Wagen heraus und blieb an einem Haken hängen, der mir am Knie eine tiefe Wunde riss. Als der Soldat meine Verletzung sah, ließ er von mir ab. Ich nahm schnell Mantel und Tasche vom Wagen und lief dahin, wo ich mein Kind gelassen hatte.

An diesem Tag war die Bewachung nicht so streng wie sonst, und ich fasste sofort den Entschluss: ich wollte versuchen zu entkommen. Als ich sah, dass der Soldat abgelenkt war, da rief ich meiner Tochter zu, aus dem Wagen zu springen. Noch ein Junge kam mit, den ich ins Herz geschlossen hatte. Seine Mutter hatte ihn zurückgelassen, als sie bei der Selektion nach links geschickt worden war.

Wir krochen unter dem Waggon durch und wollten zu den Baracken, die wir in der Ferne liegen sahen. Auf einmal hörten wir: »Halt!«

Ein Offizier und ein Gendarm kamen auf uns zu. Die Kinder wurden zur Seite geschickt, und der Offizier sagte nur: »Fünfundzwanzig!«

Zwei ukrainische Soldaten, die kein Deutsch sprachen, kamen auf mich zu. Ich hatte gar keine Zeit, ihnen zuzuhören. Sie banden mir die Hände auf den Rücken und drückten mir den Kopf herunter. Ich hörte nur: »Eins!« wie von weitem, und dann schlugen sie zu. Ich fühlte einen schrecklichen Schmerz, als ob mein Körper in Stücke gerissen würde, ich schrie wie ein Tier, noch hörte ich, wie sie zählten: »... sieben ...«, dann verlor ich die Besinnung.

Aufgewacht bin ich vor lauter Schmerzen, und im ersten Moment wusste ich nicht, wo ich war. Dann hörte ich das Weinen meines Kindes.

»Mama, Mama!« und begriff, dass ich noch am Leben war und dass mein Kind bei mir war. Wir schleppten uns in den Waggon zurück, mein Körper war wie zerschnitten, dazu hatte ich die Wunde am Knie.

Einige Frauen im Wagen holten Lappen zusammen, sie tauchten sie in Urin und legten sie auf meinen wunden Rücken. Ich erinnere mich, dass ich dort auch Frau Anisfeld unter den Frauen sah. Ihr Mann war Rektor des Gymnasiums gewesen. Sie hatte ihren vierjährigen Sohn bei sich. Der war so aufgeweckt, dass er schon alle Hauptstädte Europas kannte.

Wir fuhren und standen, es gab mehr Halten als Fahren, zu essen gab es nichts. Ich fand noch einige Brotrinden, die weichte ich in Wasser auf und gab sie meinem Kind zu essen.

Endlich kamen wir in einen richtigen Bahnhof. Da draußen gingen Menschen herum, als ob kein Krieg wäre. Wir waren in Riga, der Hauptstadt von Lettland. Wir sahen aus dem Fenster und sahen »echte« Menschen – dagegen sahen wir aus wie Vieh, das zum Schlachten geführt wurde.

Es war hell geworden. Im Wagen lagen zwei Tote. Wir fingen an zu schreien, und in minutenschnelle kamen zwei Soldaten mit einer Bahre. Sie legten die Toten darauf und deckten sie zu. Beim Heraustragen ließen sie die Wagentür halb offen. Ich nutzte sofort die Gelegenheit, schnappte meine Tochter bei der Hand und schlich aus dem Wagen. Nach kaum zwei Schritten stand ein Offizier vor uns und sagte durch die Zähne – denn die Station war ziemlich belebt – ganz leise: »Du schmutziges Schwein!« und zog seinen Browning. Ich schrie ganz laut: »Schieß endlich!«, aber er gab mir nur einen Schlag über den Kopf. Man warf uns zurück in den Wagen, als ob wir ein paar Lumpen wären.

Durch den Schlag konnte ich lange Zeit nichts mehr hören, ich hatte nur ein Rauschen im Kopf.

Wir fuhren weiter. Jeden Tag konnte ich wieder etwas besser hören und konnte verstehen, was man zu mir sprach. Aber mein Körper schmerzte noch sehr und die Wunde am Knie wollte auch noch nicht heilen. Ich weiß nicht, wie lange wir noch gefahren sind. Schließlich kamen wir nach Tauroggen, diese Stadt liegt auch in Litauen.

Als wir die Gendarmen fragten, wohin wir geführt würden, sagte einer, man führe uns zur Arbeit, ein zweiter deutete auf den Himmel, der dritte auf die Erde.

In Tauroggen mussten wir alle aus dem Waggon aussteigen. Wir wurden in ein Barackenlager getrieben. Es war in einzelne Abteilungen aufgeteilt, die durch Stacheldraht voneinander getrennt waren, eine davon war für uns bestimmt.

Es wimmelte von deutschem Militär, vor dem Haupttor stand ein Polizist mit einer Flinte. Von ferne hörten wir, dass Russisch gesprochen wurde, es waren russische Flüchtlinge, die nach Deutschland zur Arbeit transportiert werden sollten. Hundert Pläne drehten sich in meinem Kopf, wie ich vielleicht zu den Russen gelangen könnte. Ich sprach russisch, und ich dachte darüber nach, wie es mir gelingen könnte, mich zwischen die Russen zu mischen und unbemerkt zwischen ihnen unterzutauchen. Aber wir wurden von allen Seiten strengstens bewacht.

Am gleichen Tag noch wurden wir zur Entlausung in ein Bad geführt. Wir wurden gezählt, wir waren 1500 Menschen. Die Hoffnung kam auf, dass wir, da wir gebadet wurden, zu einer Arbeit geführt werden könnten. Aber ich glaubte nicht daran, ich fürchtete, dass sie uns nicht am Leben lassen wollten.

Wir standen nackt unter den Duschen, jeder bekam ein Stück grüne Seife und ein Handtuch. Überall standen die Gestapoleute herum, sie betrachteten uns und lachten. Einer zeigte dem anderen meinen Rücken, meine Schultern und meine Brust, die noch wund und geschwollen war. Er lachte höhnisch und fragte: »Wer hat dich so zugerichtet?« Dann kam aber ein Offizier, der Arzt war und sagte zu mir: »Komm, ich kann dir deine Schmerzen lindern.«

Er wusch mir die Wunden steril ab, legte eine scharfe Salbe auf, die sehr brannte, und klebte alles mit breiten Pflastern zu. Mir war, als hätte Gott ihn zu mir geschickt. Auch die Wunde am Knie behinderte mich sehr. Wenn ich einmal saß, konnte ich nicht aufstehen und gehen. Mir war, als ob Gott mir einen Helfer geschickt hätte. Ich fühlte, dass ich wieder zum Leben erwacht war.

Unsere Sachen hatte man nach der Entlausung in einem großen Raum auf die Erde geworfen, alles lag durcheinander, auch Sachen von Leuten, die gar nicht mehr da waren. Jeder sollte selbst suchen. Ich fand zuerst unsere Sachen, dann eine große Reisetasche, in der etwas Wäsche für mein Kind war, dann zwei Kämme, einen weiten Mantel und einen Schleier. – Ich war schon wieder bereit zur Flucht.

Wir gingen zurück in die Baracke. Es war schon fast finster. Mein Kind lag da und schlief, in ein großes Tuch gewickelt. Sie hatte hohes Fieber und bat immer wieder: »Gib mir Wasser!« Ich ging hinaus und sprach einen Offizier an. Ich bat ihn um Wasser für mein Kind. Er gab mir eine Feldflasche und sagte, ich sollte sie ihm wiederbringen, und dann wollte er sich mit mir amüsieren.

Ich nahm die Feldflasche und lief zu meinem Kind. Die ganze Nacht saß ich bei ihr und hatte natürlich Angst hinauszugehen. Ich horchte die ganze Zeit, ob mein Kind noch atmete, und gab ihm immer wieder aus der Feldflasche zu trinken. In der Frühe wollte ich die Flasche zurückgeben, aber da stand schon ein anderer Gendarm. Da habe ich die Flasche unter unserer Pritsche versteckt.

Die anderen Frauen nahmen Konservenbüchsen und gingen auf Wassersuche für ihre Kinder. Wir Erwachsenen spürten mittlerweile schon keinen Hunger und keinen Durst mehr. In der Ferne sahen wir Menschen stehen mit Konservenbüchsen in der Hand. Es hieß, man könnte dort Kaffee bekommen. So stand man da in der Hoffnung, etwas Warmes zu bekommen. Auf einmal gab es einen großen Aufruhr, die Soldaten schrien und trieben alle mit den Flinten auseinander. Nur ich allein blieb an der Wand stehen. Mir gegenüber war ein großes Gebäude. Auf einmal fuhr eine schöne Limousine vor und zwei hohe Nazigrößen stiegen aus und gingen ins Gebäude.

Nur der Fahrer blieb zurück. Er schaute zu mir, stieg aus und fragte mich auf Russisch, ob ich aus dem russischen Lager sei.

Ich antwortete, dass ich aus dem jüdischen Lager komme. Da sagte er: »Das ist unmöglich, du siehst ja aus wie eine arische Frau.«

Ich antwortete: »Ich bin eine jüdische Frau und habe mein Kind bei mir.« Darauf meinte er, wenn man so aussähe wie ich, könnte man versuchen zu entkommen. Ich sagte: »Wie kann man entkommen, alles ist doch mit Stacheldraht eingeschlossen.« Und er antwortete: »Schau dich um, mit ein bisschen Verstand wirst du einen Weg finden.«

Ich entgegnete: »Angenommen, ich könnte hier entfliehen – wohin sollte ich mich wenden? Überall lauert der Tod auf uns.«

Da kam er ganz nahe an mich heran und sagte: »Ich kann dir etwas verraten, aber du darfst nichts notieren, musst alles im Kopf behalten. Wenn du aus dem Lager herausgehst, dann halte dich rechts, bis du zu einem Friedhof kommst. Wenn du durch den Friedhof gehst, dann siehst du auf der anderen Seite ein Feld. Du gehst durch das Feld. Dann kommst du an eine Straße, die gehst du in der gleichen Richtung weiter und kommst an ein Dorf. Da wohnen meine Eltern, die heißen so und so. Sage denen, dass ich dich geschickt habe, und sie werden dich aufnehmen und dich beschützen bis zum Kriegsende. Denn der Krieg wird nicht mehr lange dauern.«

Im dem Augenblick hatte ich alles behalten, seinen Namen und den des Dorfes, aber nach ein paar Tagen war mir das alles wieder entfallen. Er ließ mich eine kurze Weile warten und kam dann mit einem Brot zu mir, das noch ganz heiß war und frisch aus dem Backofen kam. Ich steckte das Brot unter meinen Mantel und merkte gar nicht, wie es an meinem Körper brannte.

Ich lief zur Baracke zurück und nahm das Brot heraus. Die Kinder stürzten alle auf mich zu, und ich konnte kaum etwas für mein Kind übrigbehalten.

Die Flucht

Ich nahm mein Kind auf den Schoß und fing an, ihr Haar zu kämmen. Sie hatte einen herrlichen Lockenkopf. Ich band ihr auch noch eine Schleife um. Dann kämmte ich mein blondes Haar zu einer Hochfrisur. Ich bemühte mich, alles ganz ordentlich zu machen, und es gelang mir mit viel Mühe, manierlich auszusehen. Ich zog mein blaues Kostüm an und nahm den Mantel über den Arm.

Die Frauen zeigten mit Fingern auf mich, sie dachten, ich hätte den Verstand verloren. Aber ich hatte einen Plan, wie wir vielleicht entkommen könnten. Tamar in ihrem Pelzmäntelchen und ich im Kostüm, mit einer Tasche an der Hand, so machten wir uns auf den Weg hinaus aus dem Barackenlager. Das einzige Hindernis war der Soldat, der mit seinem Gewehr am Tor stand, wo sich der Durchgang zum militärischen Lager befand. Auf einmal hörte man irgendwo eine Schießerei, und der Soldat rannte mit seiner Flinte dahin, wo die Schüsse zu hören waren.

Auf so eine Gelegenheit hatte ich gewartet, und schon waren wir im deutschen Lager. Gestern hatte es da von Soldaten gewimmelt, aber heute war niemand zu sehen – ich nahm an, es sei Mittagszeit. Wir gingen direkt zum Außentor. Falls es geschlossen war, mussten wir eine Gelegenheit abwarten und einen anderen Ausgang suchen. Aber als wir beim Tor waren, sprang es plötzlich auf und wir waren draußen. Kaum hatten wir das Tor passiert, da schlug es fest hinter uns zu. In dem Moment hatte ich das Gefühl, dass Gott uns hier geholfen hatte.

Um uns herum waren lauter Deutsche, Gendarmerie und Soldaten. Auf einmal sagte meine Tochter zu mir: »Mama, sind die Deutschen alle blind? Keiner sieht uns.«

Wir gingen langsam in Richtung auf den Friedhof. Da kam uns eine ältere Frau entgegen. Sie schaute uns mitleidig an und gab uns ein Päckchen belegter Brote. Dann bekreuzigte sie sich und sagte: »Gott ist mit euch!«

Bis heute kann ich nicht verstehen, wie sie unsere Not erkannt hatte. Im Friedhof setzten wir uns auf eine Bank. Wir fühlten uns schrecklich müde und große Angst hatten wir auch. Ich konnte meine Füße kaum bewegen, wohl wegen der großen Kälte und dem Schrecken. Sie waren wie aus Stein. Als erstes stillten wir unseren Hunger mit den Broten, die die Frau uns gegeben hatte. Ich selbst hielt mich zurück, ich dachte daran, etwas für den nächsten Tag zurückzubehalten. Nur mein Kind bekam satt zu essen. So saßen wir ziemlich lange.

Auf einmal wurde es mir unheimlich. Wir waren viel zu nahe an der Grenze, wir mussten unbedingt weitergehen! Durch den Friedhof kamen wir auf ein Feld und gingen da immer weiter. Es war schwer zu gehen, denn es hatte gerade geregnet und der Schlamm war bleischwer, man konnte kaum die Füße heben. Es wurde schon dunkel, aber wir gingen immer weiter. In der Ferne sahen wir einen Hügel, den wollten wir erreichen. Mit letzten Kräften kamen wir hinauf. Ich legte meiner Tochter ihr Pelzmäntelchen unter, setze mich und nahm dann mein Kind auf den Schoß. Den Mantel legte ich über Kopf und Hals – vielleicht konnten wir so bis zum Morgen durchhalten und dann unseren Weg fortsetzen.

Wie ich da saß, sah ich auf der Straße eine Gestalt. Der Mond schien, und so konnte ich erkennen, dass es eine Frau war. Ich schrie ihr auf Russisch zu.

»Liebe Frau, können Sie uns helfen?« Die Frau hörte uns und kam zu uns auf den Hügel geklettert. In russischer Sprache fragte sie uns: »Lieber Gott, wie seid ihr hierher gekommen?« Ich war nicht fähig, ihr etwas zu verheimlichen und erzählte ihr die ganze Wahrheit. Sie nahm Tamar auf den Arm, ging voran und ließ mich hinterhergehen. Es waren doch Wege durch das Feld vorhanden, und sie kannte sie. Sie erzählte, dass sie als Wirtschafterin bei einem Volksdeutschen im Haus arbeitete. Zum Glück war aber der Hausherr in dieser Zeit in Berlin, und so konnte sie uns für ein paar Tage auf dem Hof verstecken.

Als wir dort ankamen, war es bereits Nacht. Die Frau gab uns zu essen und zu trinken. Dann hatte sie warmes Wasser bereit, damit wir baden konnten. Aber ich sagte, wir seien jetzt viel zu müde, gewaschen hätten wir uns bereits. Dann machte sie für uns ein Bett zurecht. Man kann sich kaum vorstellen, was es bedeutet, nach den vielen Tagen und Nächten in den Kleidern im Waggon wieder in einem Bett zu liegen. Wir schliefen die ganze Nacht durch. Frühmorgens kam ein Arbeiter, der sehr gut russisch sprach. Er war ein Kriegsgefangener, der auf dem Gut als Feldarbeiter tätig war. Er war auch der Geliebte der Wirtschafterin, obwohl er viel jünger war als sie.

Ich musste ihm ausführlich alles über uns erzählen. Er sagte uns, dass wir auf dem Gut bleiben könnten, bis der Gutsherr zurückkäme. Der war für einige Tage nach Berlin gefahren. Es handelte sich um drei Tage, danach wollte er uns woanders unterbringen. Am dritten Tag kam er nachts und sagte, es sei Zeit. Er nahm Tamar auf den Arm, ich und die Wirtschafterin mussten hinter ihm hergehen. Auf dem Weg erzählte er, dass der Transport mit den Juden bereits nach Deutschland abgefahren sei. Er warnte mich sehr dringlich, niemals zu verraten, dass wir Juden sind. Wir sollten sagen, wir seien Flüchtlinge aus Poilodzk und seien in Tauroggen angekommen.

Er führte uns durch eine schmale Gasse auf einen Hof. Dort wurden wir schon erwartet. Leute standen herum und unterhielten sich auf Russisch, und ich konnte alles verstehen, was sie untereinander sprachen, das war für uns sehr wichtig. Wir mussten eine schmale Leiter ins Dachgeschoss hinaufklettern. Dort bekamen wir einen Schlafplatz auf Stroh, auch ein Leintuch, Kissen und Decke. Tamar schlief gleich ein. Aber ich hatte schlimme Leibschmerzen, ganz verständlich nach so vielen Tagen ohne Essen und Trinken. Ich hatte wohl etwas vor mich hingejammert. Da hörte ich verschiedene Stimmen und verstand, dass wir nicht allein da oben schliefen. Ganz leise wurde ich gefragt, was mir fehlte. Ich antwortete, dass mein Magen mir sehr weh täte. Da kam ein Mann und gab mir in einem Glas etwas zu trinken. Das Getränk war Wasser mit Spiritus. Ich machte die Augen zu und trank alles herunter. Danach wusste ich nichts mehr von mir.

Als ich aufwachte, lag ich in einem großen Bett, am Fußende saß meine Tochter und spielte mit einer Katze. Eine Frau saß neben dem Bett. Ich fragte:»Wo bin ich? Was ist geschehen?«

Die Frau antwortete auf Russisch, dass ich sehr krank gewesen sei, dass es jetzt aber viel besser gehe. Als meine Tochter sah, dass ich aufgewacht war, umarmte sie mich vor lauter Aufregung und weinte bitterlich.

Sie sagte:»Mama, warum hast du so lange geschlafen? Wir konnten dich gar nicht aufwecken.«

Die Frau, die neben mir saß, war eine russische Krankenschwester, ihr Name war Lola. Alle hatten sie gedacht, mein Kind wäre stumm – und jetzt sprach es sogar polnisch. Wieder wurde mir übel und schlecht, und ich fühlte, dass ich dem Tode nahe war. Da verlangte ich mit letzten Kräften Papier und Feder. Ich wollte eine Adresse in Wilna aufschreiben, wohin man das Kind schicken könnte nach meinem Tod. Sofort gab man mir, was ich verlangte und half mir, mich aufzusetzen. Sie legte ein Buch unter das Papier und stützte mich. So schrieb ich die Adresse von Familie Ruskiewitz in Wilna, Witautastraße, an die Hausnummer konnte ich mich nicht mehr erinnern. Dann schlief ich wieder ein.

Als ich aufwachte, sah ich lauter freundliche lachende Gesichter um mich herum.»Nun Jadwiga, wir haben dich vorm Tode gerettet.« Es stellte sich heraus, dass ich danach viele Stunden geschlafen hatte. Ich schwebte noch eine Woche lang zwischen Leben und Tod.

Die Wohnung gehörte litauischen Kommunisten, die im Untergrund gegen die Nazis arbeiteten. Sie sympathisierten auch mit den russischen Untergrundkämpfern und arbeiteten mit ihnen zusammen. Sie versuchten, Leute zu retten, die zur Zwangsarbeit nach Deutschland geschickt werden sollten. Sie retteten auch russische Kriegsgefangene und lauerten bei den Transporten, halfen aber nur den Russen. Der Arbeiter, der mir geholfen hatte, war einer ihrer Anführer. Ich erfuhr später, dass er von den Deutschen geschnappt und erschossen worden war.

Am nächsten Tag erwachte ich frisch und gesund. Meine Tochter spielte vor meinem Bett mit der Katze. Neben dem Bett stand ein kleiner Tisch, und darauf ein Glas Milch und ein paar Brötchen. Voller Freude nahm ich mein Kind in den Arm und küsste es. Ich fragte, was in der Zeit meiner Krankheit passiert sei. Sie erzählte, dass ich die ganze Zeit nur geschlafen habe und auch einige Mal der Arzt an meinem Bett gewesen sei. Ich konnte ihr nicht antworten, sie hielt im Reden inne und weinte. Während der ganzen Zeit meiner Krankheit hatte sie nur bei mir gesessen und geweint, obwohl die Leute sehr lieb zu ihr gewesen waren. Sie hatten mit ihr gesprochen, doch sie hatte nie geantwortet, denn ich hatte ihr strengstens verboten, mit anderen Menschen zu sprechen. So schwieg sie die ganze Zeit. Sie bekam zu essen, aber vor lauter Sorge konnte sie kaum etwas herunterbringen.

Die Leute, denen die Wohnung gehörte, buken nachts Brötchen und am Tage verkauften sie sie. Dadurch war mein Kind den ganzen Tag allein bei mir.

Die Beste von all den guten Leuten war die Schwester. Die ganze Zeit hatte sie mit meinem Kind gespielt, sie umarmt und gesagt: »Du armes Kind!« Schwester Lola hatte sich viel mit mir befasst. Sie tauschte mir öfter mein Nachthemd aus, denn ich schwitzte die ganze Zeit sehr stark. Sie schlief neben meinem Bett und wachte über meinen Zustand. Mit der Zeit bekam ich wieder mehr Appetit und habe tüchtig gegessen und getrunken. Da erwachte mein Lebensmut wieder. Ich sah mich im Zimmer um und fand, dass es sehr vernachlässigt war. Gleich stieg ich aus dem Bett mit der Absicht, etwas zu tun, aber ich fiel sofort auf den Boden. Mein Kind fragte mich: »Mama, warum liegst du auf der Erde, das Bett ist doch viel bequemer!« Da kam zufällig Schwester Lola herein. Sie war glücklich, mich mit offenen Augen zu sehen.

Wir hatten uns inzwischen sehr angefreundet, besonders auch mein Kind und die Schwester, Lola brachte ihr immer Süßigkeiten mit. Sie arbeitete in einem deutschen Militärkrankenhaus. Sie war es, die mich gesund gepflegt hat und ich bin ihr zu sehr großem Dank verpflichtet.

Ich erzählte ihr, dass ich von polnischen Eltern abstammte und mein Mann ein Russe sei. Er habe als Panzerfahrer gearbeitet. Das Kind sei derweil bei den Großeltern aufgewachsen und spreche deshalb nur polnisch. Mein Familienname sei Scherwinska und der Name meines Mannes Iwanow, der des Kindes Terenia.

Als ich merkte, dass ich wieder zu Kräften kam, wollte ich mich wieder betätigen. Ich fing an, mein Zimmer aufzuräumen. Als Schwester Lola kam, bat ich sie, mir das Papier zurückzugeben, auf das ich die Anschrift meiner Tante Jannina geschrieben hatte. Sie lächelte und zog es aus der Tasche. Es war nur mit Strichen und Punkten bedeckt, und ich konnte nicht verstehen, wieso ich so gekritzelt hatte. Alles hatte sich zum Guten gewendet. Ich war am Leben geblieben und nur das zählte. So wie mir, hat Lola auch den geretteten Russen geholfen.

Nachdem ich genesen war, beschloss man, ich sollte bei einem Litauer als Dienstmädchen eingestellt werden. Von gelegentlichen Besuchen war mir der Mann bekannt. Wenn man ihn sah, war er eigentlich immer betrunken. Sein Name war Singala. Eines Abends sagte er zu mir. »Heute Nacht kommst du mit deinem Kind zu mir. Du kannst bei mir arbeiten und so deinen Unterhalt verdienen.«

Noch in dieser Nacht nahm er uns in seinem Wagen mit. Wir verabschiedeten uns herzlich voneinander und ich bedankte mich für alles, was sie für uns getan hatten, und versicherte, dass ich niemals ihre Güte vergessen werde. Besonders habe ich mich bei Schwester Lola bedankt. Alle waren wir sehr gerührt und wischten uns die Tränen ab.

Endlich fuhren wir fort. Das Dorf, zu dem wir fuhren, hieß Swieatiche. Es lag etwa 50 km von Tauroggen entfernt. Ich kann mich erinnern, dass wir ziemlich lange unterwegs waren. Der Wirt war natürlich betrunken und schlief fast den ganzen Weg, aber das Pferd kannte sich aus und brachte uns sicher hin. Wir kamen in eine sehr arme Hütte. Die Frau von Singala war sehr jung, aber sie sah alt und verbittert aus. Sie war schwanger, und im Haus waren noch zwei Kinder, eines ein Jahr, das andere zwei Jahre alt, beides Jungen. Als erstes badete ich die Kinder, sie waren schmutzig und verwahrlost. Die Frau sprach nur

Litauisch, und sie gab mir durch Zeichen zu verstehen, dass das Baden der Kinder ihre Arbeit sei. Ich sollte aufräumen und das Fressen für die Schweine vorbereiten. Die Kuh wollte sie selber melken.

In der Diele stand ein großer Kessel für die Wäsche, daneben ein hölzernes Waschbrett. Auf dem Hof war ein zweiter Kessel, in dem wurde die Wäsche gekocht. Daraus musste ich die Wäsche nehmen und sie zum Waschkessel schleppen. Sie brachte zwei Teile Männerwäsche und warf sie zum Kochen in den Kessel. Die Wäsche war aus ganz schwerem Leinen. Als ich das erste Stück aus dem Kessel nehmen wollte, fiel ich damit hin und wäre fast in den Kessel gefallen. Sie und ihr Mann konnten sich vor Lachen kaum beruhigen. Dann schickte sie mich verärgert weg und befahl mir, zu den Kindern zu gehen. In der folgenden Zeit nannte sie mich öfter »Rapusta«. Ich hörte es täglich und glaubte, es sei ein Schimpfwort. Jetzt weiß ich, dass es »Großer Frosch« bedeutet. Jeden Abend, wenn der Mann betrunken nach Hause kam, hörte ich, wie sie weinte und sich über mich beklagte. Die Wörter verstand ich zwar nicht, aber aus ihrem Benehmen wusste ich, dass sie sich dauernd über mich beklagte. Sie fand, dass meine Hilfe sich nicht auszahlte, da sie ja noch zwei Personen mehr zu verpflegen hatte. Außerdem war ich noch zu schwach und konnte nicht viel behilflich sein. Ich sah wohl, dass die Frau unglücklich war. Ich gab mir alle Mühe ihr zu helfen, aber sie war nicht zufrieden mit mir. Davon abgesehen konnten wir mit dem Leben dort ganz zufrieden sein. Es gab genug zu essen, dreimal in der Woche Fleisch, sonst Milchgerichte. Ich war froh, dass wir ein Dach über dem Kopf und ein Bett zum Schlafen hatten. Zwar wimmelte alles von Flöhen und Läusen, aber die Chefin zuckte nur mit den Schultern. Ich versuchte dagegen anzukämpfen, aber sie bissen und plagten uns unsäglich. Für die Chefin gehörte das einfach zum Leben dazu.

Das Bordell

Nach etwa drei Wochen stand ich gerade am Brunnen und zog einen Eimer mit Wasser herauf, da kam eine Frau zu mir. Sie war sehr elegant, trug Männerhosen, hatte blondes Haar und eine schicke Frisur. Sie fragte mich, ob ich eine Russin sei und ob ich hier arbeite. Ich bejahte. Ich war sehr überrascht, so eine Frau in diesem Dorf zu sehen. Sie sagte mir, sie habe im Dorf eine Schwester und die habe ihr von mir erzählt, denn sie sei auf der Suche nach einer Hilfe. Sie wohnte in Tauroggen und brauchte mich für eine ganz leichte Tätigkeit. Sie fragte mich, ob ich nähen könnte, ich sei zu jung und edel für die Arbeit auf dem Dorf. Mit der Zeit würde ich wie die anderen Bäuerinnen werden, und das sei doch keine Zukunft für eine so schöne Frau.

Ich antwortete ihr, dass ich in der Stadt nicht arbeiten könne, weil ich keine Papiere habe, sie seien mir abhanden gekommen. Darauf meinte sie, das wäre nicht schlimm, sie könnte mir neue Papiere verschaffen. Was meine Tochter betraf, so sagte sie, sie liebe Kinder über alles, und wir würden bei ihr gut aufgehoben sein. Meine Aufgabe würde in Kochen, Aufräumen und Nähen bestehen. Für die schwere Arbeit habe sie andere zur Verfügung. So redete sie auf mich ein und versprach mir sogar ein höheres Gehalt.

Sie bat mich nur um eines: ich sollte meinem Wirt nicht erzählen, wohin ich ginge; es sei ihr peinlich, jemanden von ihm abzuwerben. Wir verabredeten uns für den nächsten Abend, ich solle das Kind nehmen und am Dorfrand auf sie warten. Ich war glücklich solch eine Gelegenheit gefunden zu haben. Den ganzen Abend wartete ich auf den Wirt, weil ich mich mit ihm auf Russisch verständigen konnte. Aber gerade an diesem Abend kam er nicht nach Hause. Er war in die Stadt gefahren, um ein Schaf zu verkaufen. Wahrscheinlich war ihm das nicht geglückt und so blieb er in der Stadt – oder vielleicht hatte er es verkauft und das Geld vertrunken. Jedenfalls blieb er an diesem Tag außer Haus. Als meine Wirtin mich wieder beschimpfte und verfluchte, gab ich ihr zu verstehen, dass ich im Begriff sei, ihr Haus zu verlassen. Da machte sie mit der Hand eine Bewegung, als sei ihr das ganz egal, und dass sie meinen Entschluss nicht bedauern würde.

Mein Kind war irgendwie nicht in Ordnung. Es weinte und ich legte es schlafen, ich meinte, bis zum Dunkelwerden könnte es noch ruhen. Später ging ich zu meiner Tochter und fing an, sie zu wecken: »Terenia, Terenia, steh auf, wir müssen doch fortgehen.«

Da fing sie an zu weinen, sie weigerte sich aufzustehen und sagte: »Mama, ich will nicht zu dieser Frau gehen, sie ist eine Schlechte.«

Ich versuchte sie zu überreden, aber sie war immer noch der Meinung, dass die Frau böse sei und dass sie nicht dahin wollte. Auf einmal klopfte es an die Tür, die Frau kam herein, nahm das Kind auf den Arm und sagte leise zu ihr: »Komm nur mit, du wirst sehen, was für eine Puppe ich dir gekauft habe.«

Sie beruhigte sich, wir zogen sie an und verabschiedeten uns von der Wirtin. Ich nahm meine Habseligkeiten und wir gingen davon. Wir hatten weit zu gehen, bis wir zur Straße kamen. Ich dachte, sie hätte Pferd und Wagen für uns bereit, aber nichts davon war zu sehen. Sie stellte sich an den Straßenrand und winkte jedem Wagen, der vorbeikam. Jeden fragte sie, ob er nach Tauroggen führe. Dann sagte sie mir, dass sie nicht mit uns fahren könnte, weil sie noch etwas zu erledigen hätte. Sie gab mir die Adresse: Scholelestraße 37. Dort sei ihr Haus und ich würde dort erwartet. Wenn wir dort ankämen, sollte ich sagen, dass sie uns geschickt habe. Ich sollte meinem Kind dort zu essen und zu trinken geben. Am anderen Morgen würde sie da sein und alles mit mir regeln.

Wie wir so warteten, kam ein Wagen. Vorn hatte er einen hohen Sitz, hinten war ein Anhänger mit Heu angekoppelt. Die Frau verhandelte lange mit dem Mann, vermutlich wegen der Fahrtkosten. Ich verstand von allem kein Wort. Zum Schluss sagte der Bauer, wir sollten uns ins Heu setzen. Ich beobachtete mein Kind und sah, dass es hohes Fieber hatte und phantasierte. Ich fühlte ihren Kopf, er war sehr heiß. Durch Zeichen bat ich den Mann um Wasser. Da sagte er zu mir: »Hier hast du

Wasser. Aber Juden helfen wir eigentlich nicht. Ich fahre dich sofort zur Polizei.« Ich fing an zu weinen und bettelte, dass er uns aussteigen lassen sollte. Da lachte er und sagte: »Wenn du mir fünfzig Mark gibst, dann fahre ich dich zu der Adresse, die die Frau angegeben hat.«

In dem Moment kam mir ein glücklicher Gedanke. Die angegebene Straße war dieselbe, in der wir uns nach dem Entkommen aus dem Lager aufgehalten hatten. Er sollte uns dahin fahren, und sie würden ihm die fünfzig Mark geben, ich würde sie den Leuten von meinem Verdienst wiedergeben. So bat ich ihn zu warten, bis ich von diesen Leuten wiederkam. Er wollte, dass ich das Kind und die Reisetasche als Pfand bei ihm zurückließ. Mit meinen letzten Kräften rannte ich zu den Leuten hin. Sie waren gerade fertig mit dem Brötchenbacken. Sie waren dabei, sie in Taschen zu legen für den Verkauf am frühen Morgen.

Sie waren erstaunt, mich zu so später Stunde zu sehen. In aller Eile erzählte ich, in welcher Gefahr wir uns befanden, und wie dringend ich die fünfzig Mark brauchte. Später würde ich alles genauer erzählen. Sie haben mir das Geld gegeben, ich lief zu dem Bauer, gab das Geld und holte mein Kind und die Tasche von ihm ab. Nun musste ich alles genau erzählen, vorher war ich in solcher Eile, dass sie gar nichts verstanden hatten. Ich erzählte von meiner Arbeit bei Singala, über die schlechte Behandlung durch die Bäuerin und über die neue Stelle, die ich angeboten bekommen hatte. Als die Frau und ihr Mann den Namen meiner neuen Gönnerin hörten, konnten sie vor lauter Schreck kein Wort herausbekommen. Sie berichteten, dass es sich dort um ein Freudenhaus handelte, in dem die Deutschen Kunden waren. Die Frau war die Chefin. Sie fuhr überall herum und suchte junge Mädchen für ihr Haus. »Bist du von Sinnen, dass du dahin gehst?« Ich fing an zu weinen und sagte, dass ich von der ganzen Sache keine Ahnung gehabt hatte. Sie beruhigten mich und sagten, bis zum Abend sei noch genug Zeit, alles in Ordnung zu bringen. Ich sollte ruhig zuerst dahin gehen, um keinen Verdacht zu erregen. »Du gehst mit dem Kind zuerst dorthin, denn es darf kein Verdacht auf unser Haus fallen. Es kann sein, dass jemand uns beobachtet hat, und die Wirtin wird bestimmt nach dir Ausschau halten. In der Zeit werden wir uns überlegen, wie wir dir helfen können.« Ich folgte ihrem Rat, nahm mein Kind und ging zum Haus Nr. 37.

Als wir hineingingen, sah ich zwei Schicksen[5] in der Küche sitzen. Ich sagte denen, dass die Frau uns zu ihnen schicke.

»Aha, du bist also die Neue.« Dann zeigten sie mit dem Finger auf das Kind und die Schultern zuckten, als ob sie sagen wollten: Was soll denn das Kind hier?

Mir wurde ein Zimmer angewiesen. Es war nicht aufgeräumt, es stand ein großes Bett darin und drumherum war alles in Unordnung. Zu allererst habe ich das Bett abgezogen und meinen Pelzmantel darauf gelegt. Ich habe mein Kind ausgezogen und schlafen gelegt. Dann ging ich in die Küche. Im Kühlschrank fand ich Brot und Butter. Wir haben beide etwas gegessen. Ich war ganz zuversichtlich, dass der Mann und die Frau uns nicht im Stich lassen und uns herausholen würden.

Als meine Tochter eingeschlafen war, verriegelte ich das Zimmer von außen und rannte zu meinen Freunden, aber leider war niemand da, die Tür war abgeschlossen. Mir war gar nicht wohl zumute. Ich ging zurück zu meinem Kind und überlegte, was ich machen sollte. Wie kann man aus einer so verzweifelten Lage entkommen? Nach einem langen Schlaf erwachte meine Tochter wieder und bat um Essen. Ich ging wieder in die Küche und fand dort Eier, Milch und sogar Brötchen. Nachdem wir gegessen hatten, inspizierte ich das Haus. Es gab mehrere Schlafzimmer, und in jedem schlief ein junges Mädchen. In dem großen Wohnzimmer lagen viele leere Flaschen auf dem Boden, es waren leere Kognakflaschen, und alles war in einer wüsten Unordnung.

Um mein Kind und mich zu waschen, erwärmte ich etwas Wasser. Ich beschloss, in dem Zimmer auf die Wirtin zu warten und setzte mir eine Grenze bis fünf Uhr. Wenn bis zu dieser Zeit meine Freunde uns nicht helfen konnten, wollte ich auf eigene Faust fliehen. Unser Glück würde uns nicht im Stich lassen.

Wieder in »Freiheit«

Ich hatte mir die Uhr meines Mannes genommen, dauernd schaute ich voller Ungeduld darauf. Es war schon drei Uhr, und dauernd hörten wir den Lärm von Betrunkenen, schmutzige Wörter und Beschimpfungen. Dann klopfte es heftig gegen meine Tür: »Krieche schon heraus mitsamt deinem Bastard und komm heim. Wenn nicht, erschieße ich dich auf der Stelle!«

Das war tatsächlich die Stimme von Singala, meinem Wirt. Meine Freude kann man sich nicht vorstellen. Ich nahm mein Kind und unsere Sachen und lief zur Tür. Die Schicksen, die da waren, zitterten vor Schreck. Ich zuckte mit den Schultern und machte eine ratlose Bewegung, als ob ich sagen wollte: »Was soll ich jetzt tun? Ich habe keine andere Wahl.« Und schnell waren wir draußen, da stand schon der Wagen, und schleunigst waren wir weg.

Was ich von Singala zu hören bekam, kann ich gar nicht wiedergeben. Ein paar Kilometer vor seinem Dorf fuhr er in eine andere Richtung, zu den Eltern seiner Frau. Das waren ruhige und liebe Menschen. Zu essen hatten sie sehr wenig, ihre wirtschaftliche Lage war nicht gut. Ich schlug meiner Wirtin vor, von den Dorfbewohnern Wolle zu besorgen. Ich wollte davon Sachen stricken, und sie konnten sie dann verkaufen und dafür Lebensmittel erwerben. Mein Plan ging auf. Stricken hatte ich im Kloster gelernt, und ich machte mir einen Namen als gute Strickerin.

Eines Tages kam der Dorfvorsteher. Er forderte von mir, dass ich in sein Haus übersiedeln und für ihn stricken sollte. Das taten wir auch. Ich strickte für die ganze Familie und flickte außerdem die ganze Wäsche. So saß ich von morgens bis abends über die Strick- und Näharbeiten gebeugt und arbeitete.

Von Läusen und Wanzen hat es nur so gewimmelt, es war schwer zu ertragen, die Tiere haben uns fast aufgefressen. Nachts, wenn alles still war, habe ich meine Tochter gebadet. Ich habe ihr die Haare ganz kurz geschnitten, so konnte ich sie von Läusen sauber halten. Sie sah fast wie ein Junge aus. Sie hatte sehr gekräuseltes Haar, aber so konnte keiner erkennen, dass sie ein jüdisches Kind war. Viele Leute litten an Krätze, und ich kann bis heute nicht begreifen, dass wir davon verschont geblieben sind.

Seit der Zeit meiner Ankunft waren schon drei Wochen vergangen. Eines Tages fing meine Tochter an, über Halsschmerzen zu klagen. Dauernd sagte sie: »Mein Hals tut mir weh und ich kann nicht schlucken.«

Sie war sowieso keine gute Esserin, aber nun konnte sie keinen Bissen herunterbringen, nicht einmal Wasser. Ich merkte, dass sich unter ihrem Ohr ein Geschwür bildete, jeden Tag zog es sich mehr nach unten. Ich legte heiße Wickel darauf, aber es half nichts. Von Tag zu Tag wurde es schlimmer, allmählich hatte es den ganzen Hals überzogen.

Eines Nachts weckte mich meine Tochter auf und sagte mit leiser Stimme:

»Mama, ich habe meinen Papa gesehen und auch Busia (so nannte sie meine Schwiegermutter). Sie standen auf einem Berg und riefen mir zu, ich solle zu ihnen kommen.«

In dem Moment wurde mir klar, dass ich mein Kind verlieren könnte. Ich bat meinen Wirt um einen Wagen und ein Pferd, ich wollte mein Kind ins Krankenhaus nach Tauroggen bringen. Sie lachten mich fast aus und meinten, es sei sowieso zu spät. Sie versprachen mir, sie wollten für eine schöne Beerdigung sorgen, da ich ja kein Geld dafür hätte.

In höchster Aufregung sprang ich auf, zog mich an und lief ins andere Dorf zu Singala. Der Weg war 6 Kilometer lang, aber durch die Felder war es kürzer. Allerdings lag der Schnee sehr tief, von dem schnellen Gehen wurde mir so heiß, dass ich nach und nach alles auszog, obwohl tiefer Frost herrschte. Als ich zum Haus von Singala kam, hatte ich Glück, dass er anwesend war; er lag natürlich zu Bett. Ich kniete vor ihm nieder und flehte ihn an: »Singala hilf mir, mein Kind liegt im Sterben.« Dabei gab ich ihm Jaschas Uhr.

Er stand auf, ohne ein Wort zu verlieren, ging hinaus und spannte sein Pferd an. Um den Hals hatte er ein Wolltuch gewickelt. So kamen wir zu meinem Arbeitgeber. Er gab mir einen großen Pelz, um das Kind zuzudecken und eine Pelzjacke für mich.

Als wir wegfuhren dämmerte es gerade. Die Sonne schien, dadurch schmolz der Schnee auf der Straße, dann war es wieder frostig und man konnte kaum fahren. Das Pferd ging sehr langsam. Das Kind fühlte sich sehr heiß an und fieberte. Sie schrie im Fieber: »Mama hilf mir, da sind Wölfe!« Ich hatte große Angst, aber auf einmal sagte sie nichts mehr. Ich zog ihr die Schuhe aus und fühlte ihre kalten Füße, ich legte mich über sie und versuchte, sie mit meinem Atem zu erwärmen. Als ich merkte, dass ihre Füße und Hände wärmer geworden waren, stieg ich vom Wagen herunter und lief hinterher, um selbst wieder warm zu werden. So sind wir fünfzig Kilometer gefahren. Ich sprang dauernd vom Wagen hinunter, und dann wieder hinauf, um mein Kind zu wärmen. Mein Instinkt, der eiserne Wille einer geplagten Mutter hat mich motiviert, so zu handeln. Ich wollte alles geben, was ich hatte, um mein Kind zu retten.

Etwa 5 Kilometer von Tauroggen entfernt, fing es an zu schneien und wurde dadurch etwas wärmer. Heute denke ich manchmal, dass mein Gebet um das Leben meines Kindes den Frost bezwungen hat.

Bei Anbruch des Tages kamen wir in Tauroggen an. Wir gingen gleich ins Krankenhaus, weil wir dort Schwester Lola zu finden hofften. Singala trug mein Kind auf dem Arm. In der Aufnahme erfuhren wir, dass es ein Militärkrankenhaus war, und dass Kinder nicht angenommen wurden, dafür gab es einen anderen Platz. Ich fragte nach Schwester Lola, und man wies mich an die Information. Da war ein zweites Tor, aber es war geschlossen. Ich klingelte mit aller Kraft – und wer machte mir auf? Schwester Lola! Ich fiel vor ihr nieder, küsste ihre Füße und sagte unter Schluchzen: »Schwester, mein Kind stirbt!« Ohne ein Wort zu sagen, lief sie mit mir zu der Aufnahme, nahm das Kind von Singalas Arm und verschwand mit ihm in der chirurgischen Abteilung.

Singala kniete nieder und betete zu Gott. Ich stand am Fenster und flehte ihn an, er solle uns nicht im Stich lassen, er sei der einzige, der uns helfen könne. Ich schwor mir, dass ich mich umbringen würde, wenn ich mein Kind verlieren würde. Denn es war das Einzige, was ich besaß, es war mein einziges Glück, und dafür wollte ich auch mein Leben gern opfern.

Ich wusste nicht, wie lange ich am Fenster gestanden hatte. Auf einmal hörte ich ein lautes Geschrei von meinem Kind, und ich wusste, dass es noch lebte.

Eine ganz dicke Frau, Professor Raslawitza, kam zu mir. Sie trug noch die Gummihandschuhe von der Operation und sagte auf Russisch zu mir:

»Ich glaubte, du seist eine intelligente Frau – warum bringst du mir das Kind so spät. Es war eine Minute vor zwölf, du konntest dein Kind verlieren. Weine nicht, jetzt ist das Kind gerettet.«

Ich hatte schon alle Hoffnung verloren, und jetzt wusste ich nicht, wie ich mich bei ihr bedanken sollte. Ich hatte kein Geld und keine Papiere, aber ich bot ihr an, alle Arbeit im Krankenhaus zu tun, die Böden zu putzen und auch die Wände vom ganzen Spital abzuwaschen. Die Ärztin war von meinen Worten sehr gerührt, ich fühlte, wie ihr das alles zu Herzen ging. Sie umarmte und küsste meinen Kopf und sagte:

»Liebe Frau, gehe mit deinem Kind heim und halte dich streng an meine Anweisungen. Hier können wir das Kind nicht behalten, aber Schwester Lola wird dir behilflich sein. Ihr ist du zu Dank verpflichtet, ich habe nur meine Pflicht getan.« Sie nahm aus ihrer Tasche 20 Mark und steckte sie mir in die Tasche. Vor lauter Rührung haben wir alle geweint. Sie brachte mir das Kind. Sie hatte die Wunde geöffnet, gereinigt und desinfiziert, nun hatte es einen großen Verband um den Hals.

Singala nahm die Kleine wieder auf den Arm und wir gingen zu unseren Freunden. Dort legten wir sie auf das Bett, und ich konnte mich dazu legen.

Wir waren alle guter Dinge, dass die große Gefahr vorüber war, und vor lauter Freude mussten wir alle Schnaps trinken. Sogar ich trank von dem »Smagon«. Mir wurde ganz schwindelig, und ich legte mich zu meinem Kind. Man kann sich kaum vorstellen, was für gute Menschen es gibt. Sie gaben mir ihr einziges Bett und legten sich selbst auf den Dachboden. Wir blieben zehn Tage dort. Trotz der eisigen Kälte schliefen sie weiter auf dem Dachboden, bis ich sie dazu bringen konnte, wieder in die Wärme zurückzukehren. Da schliefen sie mit uns in einem Zimmer, sie jedoch auf dem Fußboden.

Nach den zehn Tagen kehrten wir zum Haus des Dorfvorstehers zurück. Ich hatte gelernt, jeden Tag den Verband zu wechseln. Die Bandagen hatte mir Lola mitgegeben. Jeden Tag musste ich den Tampon wechseln, der bei ihr eingelegt war. Am ersten Tag kam ein halbes Glas Eiter heraus. Ich legte einen neuen Tampon ein, und täglich wurde es weniger Eiter, bis er ganz verschwand.

Die Hausbesitzer sahen es nicht gern, dass ich soviel Zeit für mein Kind verschwendete, also wurden wir in eine andere Hütte eingewiesen, von dort wieder woanders hin. So wanderten wir von Ort zu Ort. An einem Ort habe ich nur ein einziges Paar Strümpfe stricken können.

Dann kamen wir zu einem Mann, der für seine Trunkenheit bekannt war, dazu war er nicht verheiratet und als Casanova verschrien. Er lebte mit seiner alten Tante zusammen. Bei meinem Kind hatte sich eine Augenkrankheit eingestellt, ihre Augen tränten, und beim Aufwachen waren sie verklebt. Ich pflegte ihre Augen die ganze Zeit mit »Rumanick« und wusch sie auch damit ab.

Als wir dorthin gegangen waren, war der Trinker nicht im Hause. Er war schon seit einigen Tagen nicht da gewesen, und seine Tante sagte mir, dass er losgegangen sei, um Truthähne zu verkaufen. Wenn er sein Geld bekam, vertrank er es und kam erst zurück, wenn er alles vertrunken hatte. Noch war er nicht zu erwarten.

Mir wurde etwas leichter zumute. Ich stellte Wasser auf, um neuen Rumanick zu kochen. Da kam der Vorsteher und sagte mir, dass am nächsten Morgen alle russischen Bürger zusammengetrieben werden sollten, die ein oder zwei Kinder haben. Sie sollten zur Arbeit in die Munitionsfabrik getrieben werden, und die Kinder sollten in ein Heim kommen. Vor der Arbeit habe ich mich nicht gefürchtet, aber dass man Mutter und Kind trennen wollte – das war das Schlimmste, was mir passieren konnte. Er sagte noch, dass ich nicht wagen sollte, davonzulaufen.

An diesem Tage bin ich wie eine Irre herumgelaufen, das einzige, was ich tat, war, die Augen meines Kindes zu säubern. Das wollte ich fortsetzen bis in die Nacht, und dann wollte ich mit ihr weglaufen. So blieb ich am Bett sitzen, mein Kind schlief und ich ebenfalls. Auf einmal bemerkte ich, wie mich jemand anrührte. Voller Schreck machte ich die Augen auf. Neben mir saß eine junge Frau, im Licht sah sie aus wie ein Engel. Sie flüsterte mir zu:

»Wir haben uns schon im Kloster gesehen. Du bist jeden Sonntag mit dem Kind dahin gekommen. Ich bin die Frau vom Förster. Du und dein Kind sind die einzigen, die katholisch sind, und wir haben beschlossen, dich zu retten vor der Zwangsarbeit. Nimm deine Sachen und das Kind und gehe hinaus. Draußen stehen zwei Männer. Einer wird dir dein Kind abnehmen. Ich gehe voraus. Wir gehen nacheinander, und du sollst uns nicht aus den Augen verlieren. Einer trägt einen weißen Hut, daran kannst du ihn besser erkennen. Wir müssen den Wald durchqueren.«

Und so geschah es auch. Wir gingen ziemlich lange, bis wir schließlich an ein schönes Haus kamen, das Haus des Försters. Ich ging als letzte hinein.

Meine Freude war grenzenlos, als ich meine Tochter mit offenen Augen sah. Es passierten lauter Wunder mit uns. Wir konnten eine ganze Woche bleiben, man gab uns gut zu essen und war sehr gütig zu uns. Unser Platz war hinter dem Ofen. Wenn ein Unbekannter hereinkam, durfte er uns nicht sehen, das wäre für alle eine große Gefahr gewesen.

Eines Tages kam der Förster mit einer guten Nachricht. Er hatte einen Platz für uns gefunden, und zwar in einer kleinen Stadt mit dem Namen Schaulen – ein Name, der uns verfolgt hat. In dieser Stadt wohnte eine Hebamme mit ihren sieben Kindern ganz allein. Von ihrem Mann hatte sie sich getrennt. Als Hebamme fuhr sie überall im Land herum, wo sie gebraucht wurde, und ihre Kinder waren ganz allein.

So landeten wir bei der Frau. Sie übertrug mir die ganze Wirtschaft. Zu essen war genug da, denn sie brachte viel von ihren Patientinnen mit. Die Arbeit war nicht leicht, das kann man sich vorstellen, sieben Kinder und meines dazu, das Jüngste war anderthalb, das älteste Mädchen fünfzehn Jahre alt. Dies besuchte das Gymnasium und war nicht bereit, im Hause zu helfen. Ich stand vor dem Sonnenaufgang auf und legte mich sehr spät in der Nacht schlafen. Die Wirtin pflegte erst Sonntags nach Hause zu kommen, und oft auch dann nicht. Die Kinder waren überhaupt nicht erzogen und benahmen sich wie wilde Tiere. Immer wieder versuchten sie, mein Kind zu demütigen. Wenn sie etwas kaputt gemacht hatten, beschuldigten sie meine Tochter. Umsonst hatte sie manchmal Schläge von mir oder der Wirtin bekommen. Ich musste leiden und schweigen – mir blieb keine andere Wahl.

Eines Tages blieb die Wirtin zu Hause und sagte mir, wir müssten viel backen. Sie hatte für den Sonntag Gäste eingeladen, sie sollten zum Abendessen kommen, darunter auch der Stadtvorsteher und ein deutscher Offizier und andere hochgestellte Gäste. Die Hebamme hatte in der Stadt einen ziemlich schlechten Ruf.

Als ich das hörte, wurde mir schwarz vor Augen. Ich versprach ihr, alles vorzubereiten, aber wenn die Gäste da waren, wollte ich ihnen nicht vor die Augen kommen. Ich entschuldigte mich damit, dass ich nicht mehr an so viele Leute gewöhnt sei, und dass ich mich überhaupt nicht wohl fühle. Als die Hebamme das hörte, wurde sie ziemlich wütend – so hatte sie sich das nicht gedacht. Sie fand, ich müsste tun, was sie sagte. Sie hatte sogar eine weiße Schürze und eine Haube für mich besorgt. Wir waren drei Tage lang mit Backen und Kochen beschäftigt. Ich machte mir keine Gedanken darüber, was ich anziehen sollte und was ich antworten sollte, wenn die Deutschen mir Fragen stellten. Ich sprach mittlerweile ganz gut Litauisch. Ich hatte aber beschlossen, keine Fragen zu beantworten oder mich krank zu stellen. In der Nacht betete ich zu Gott, er solle mir helfen, aus dieser gefährlichen Situation herauszukommen, und uns zur Seite stehen wie bisher.

Mittlerweile kam der Sonntag immer näher, die Tische waren vorbereitet, ich trug eine weiße Schürze und die Wirtin hatte mir das Haar gekämmt und sich selbst herausgeputzt wie einen Pfau. Ich kam mir vor wie die Schicksen auf der Scholelestraße. Aber ich musste schweigen. Die Kinder hatten wir alle schon ins Bett gesteckt. Wir erwarteten die prominenten Gäste. Sie mussten jede Minute kommen – es war schon neun Uhr – es wurde zehn Uhr, es wurde elf. Keiner der Gäste kam. Ich versuchte meine Freude zu verbergen und stimmte der Wirtin beim Fluchen zu. Wir räumten die Torten von den Tischen und schlossen sie in den Schrank ein. Am nächsten Tag verteilte die Wirtin an jedes ihrer Kinder ein Stück Torte und gab auch mir eins. Ich verwahrte es für mein Kind.

Als ich dieses am nächsten Tag herausholte und meiner Tochter gab, beobachteten mich die anderen Kinder und ein Sohn erzählte es seiner Mutter. Sofort fiel sie mit furchtbaren Schimpfworten über mich her, bis ich mich endlich verständlich machen konnte.

Wir haben viele Ängste und Leiden in diesem Haus ausgestanden. Nachts im Bett versuchte ich mein Kind zu trösten und malte ihm in herrlichen Farben aus, wie gut es uns nach Beendigung des Krieges gehen würde. Jetzt blieb uns keine andere Wahl als zu leiden und zu schweigen. Wir mussten Geduld haben – Ende gut, alles gut. Im Namen Gottes habe ich ihr erklärt, dass er uns für alle Leiden entschädigen wird. Und mein Kind, obwohl es erst 5 Jahre alt war, hat alles verstanden und begriffen, dass es schweigen musste und niemandem etwas verraten durfte. Sie sprach damals perfekt Litauisch, viel besser als ich. Und sie hat alles bei sich behalten, ich brauchte nichts zu wiederholen. Jeden Sonntag gingen wir zum Gottesdienst ins Kloster und alle glaubten, wir seien fromme Katholiken. Das musste ich tun, damit niemand Verdacht schöpfte, dass wir Juden waren.

Einmal, als ich auf dem Hof stand und den Hühnern Futter gab, kam eine ältere Frau zu mir und sagte, dass sie und ihr Sohn beschlossen hätten, uns zu sich zu nehmen. Sie könne einfach nicht mit ansehen, wie schwer ich bei der Hebamme arbeiten müsse. Ich antwortete ihr, dass ihre Sorge um mich mir imponierte, dass ich aber die Arbeit nicht scheute, und dass ich eine Frau mit sieben Kindern nicht im Stich lassen könnte. Darauf fing die Frau an, die Hebamme schlecht zu machen. Sie sagte, sie hätte den schlechtesten Ruf in der ganzen Gemeinde. Sie erzählte auch, dass die Hebamme ein Nazi sei und vor geraumer Zeit eine jüdische Frau, die den Nazis entkommen war, an die Deutschen ausgeliefert hätte. Diese Frau sei von den Nazis ganz brutal ermordet worden. Ich ließ mich nicht beirren und antwortete, dass mich das alles nicht interessiere, für mich sei die Hauptsache eine gute Wirtin. Als ich wieder ins Haus kam, stand da der Sohn der Hebamme. Er war erst 11 Jahre alt. Er begegnete mir mit den Worten: »Wieso stehst du da und unterhältst dich mit der Mutter eines Verbrechers? Er ist ein Kommunist. Deine Aufgabe ist es, zu arbeiten. Dafür bekommst du zu essen und zu trinken, du und dein Bastard.«

Ich habe die Lippen zusammengekniffen und geschwiegen. Ich wollte dieser Rotznase nicht zeigen, wie tief er mich beleidigt hatte, und wie tief mich das alles schmerzte. Am gleichen Tag stieg ich auf den Speicher, um mich dort umzusehen. Ich fand dort viele, viele Fotos von einer jüdischen Familie. Und so begriff ich, dass dieses Haus einer jüdischen Familie gehört hatte und dass die Hebamme es nach der Räumung besetzt hatte. Da begriff ich, dass die ältere Nachbarin die Wahrheit gesagt hatte. In jedem Gegenstand, der sich im Hause befand, spürte ich das jüdische Blut. Aber was konnte ich tun? Ich musste schweigen.

Nach zwei Tagen, ich machte gerade Abendbrot für die Kinder, kam ein junger Mann, etwa dreißig Jahre alt, herein. Er sagte mir in rein jüdischer Sprache: »Von wo kommst du? Wie bist du hierher gekommen?«

Ich antwortete in litauischer Sprache: »Entschuldige, aber ich verstehe kein Deutsch.«

Er tat so, als ob er mich nicht verstanden hätte, und wiederholte seine Fragen auf Jiddisch. Ich fühlte, wie meine Knie zitterten, aber ich gab die gleiche Antwort. Er sagte auf Litauisch:

»Gib den Kindern zu essen und komm dann nach draußen. Ich warte dort auf dich.«

Nach dem Abendessen bin ich hinausgegangen und habe ihm noch einmal erklärt, dass ich kein Deutsch verstehe und nur etwas Litauisch spräche, weshalb ich mich nicht mit ihm verständigen könne.

Dann sagte er zu mir auf russisch:

»Spiele mir nicht vor, dass du eine Russin bist. Ich bin bestens unterrichtet, du und dein Kind, ihr seid Juden.«

Darauf antwortete ich:

»Von mir aus kannst du zur Polizei gehen und das melden. Das wird dir sicher gelingen. So und so habe ich keine Papiere bei mir, weil ich die verloren habe.«

Dann sagt er: »Ich möchte dich nicht umbringen, du sollst zu uns kommen und für uns arbeiten. Wenn du das nicht machst, werde ich dich bei der Polizei verraten.«

Damit ist er weggegangen. In dieser Nacht konnte ich nicht schlafen.

Meine Beichte beim Priester

Frühmorgens rannte ich zum Kloster. Ich ging gleich zu der Wohnung des Priesters. Ihm unterstanden sieben Klöster. Ich wusste, dass er von seiner Abstammung her Pole war. Die Wirtschafterin machte mir die Tür auf und sagte, dass Hochwürden beschäftigt sei, er bete jetzt. Ich bat sie, dass sie ihn auffordern solle, mir einen Termin zu nennen. Ich müsse ihn in einer wirklich wichtigen Angelegenheit sprechen. Da sagte sie mir, ich solle in einer Stunde wiederkommen. Das Kloster war nicht weit von dem Haus, in dem wir wohnten. Deshalb ging ich eine Stunde später noch einmal hin. Der Priester fragte, ob unser Gespräch lange oder kurz dauern würde. Ich antwortete ihm, dass es wohl ein längeres Gespräch werden würde. So bestellte er mich also für vier Uhr nachmittags. Zum Glück kam die Hebamme an diesem Tag erst gegen die Mittagszeit nach Hause. Ich bat sie um die Erlaubnis, beichten zu gehen und sie erlaubte es mir. So war ich gegen vier Uhr im Kloster zur Stelle. Der Priester erwartete mich schon. Zu Anfang sagte er mir, dass er bereits wüsste, wer ich sei: die Russin, die für die Hebamme als Dienstmädchen arbeitet. Er sei sehr zufrieden, dass ich so fromm sei, das würde sich positiv auf die Kinder der Hebamme auswirken. Ich bedankte mich für seine gütigen Worte, und sagte, das ganze sei eine Tragikkomödie. Dann erzählte ich ihm alles über uns. Nichts verschwieg ich ihm. Zum Schluss schilderte ich das Gespräch mit dem jungen Mann und bat ihn um Rat. Was sollte ich in dieser Situation unternehmen? Ich war ratlos, und wir beide verloren.

Der Priester hörte aufmerksam zu. Dann sagte er mir, ich solle zurückkehren zu der Hebamme und arbeiten, als sei nichts geschehen. Alles sollte weitergehen wie bisher. Von dem jungen Mann hatte er nur schlechtes zu hören bekommen. Er riet mir, mich mit dem jungen Mann zu treffen und ihm zu versprechen, in vier Tagen zu ihnen zu kommen. Während dieser vier Tage würde er überlegen, auf welche Weise er uns helfen könne. Mit Tränen in den Augen küsste ich seine Hand. Dann ging ich zurück zum Haus der Hebamme.

Am dritten Tag, die Hebamme war noch nicht da, kam ein Wagen mit einem Bauern. Er reichte mir einen Zettel, auf ihm stand auf polnisch folgende Mitteilung: »Fahre mit dem Mann. Innerhalb von ein paar Tagen werde ich dir weitere Anweisungen geben. Auf deine Arbeitsstelle werde ich eine andere Frau schicken. Du kannst ruhigen Gewissens fahren.«

Ich nahm meine Tochter, unsere Habseligkeiten und fuhr mit dem Bauer fort. Wir fuhren ein paar Stunden, den ganzen Weg lang schwieg er. Als wir ankamen, war es schon recht finster. Als seine Frau uns sah, begann sie zu schreien und zu schelten. Da flüsterte der Bauer ihr etwas ins Ohr und nahm einen Korb mit Proviant aus dem Wagen und gab ihn ihr. Er sagte, es sei ein Geschenk des Priesters. Sie waren sehr arm, deshalb konnte ich die Begrüßung der Frau verstehen und warum sie so schrie, als sie uns sah.

Die Hütte war sehr verlassen und schmutzig. Deshalb fing ich am nächsten Tag an aufzuräumen. So einen Schmutz hatte ich schon lange nicht mehr gesehen.

Drei Tage arbeitete ich wie ein Pferd und es war noch längst nicht alles geschafft. Am vierten Tag kam ein schöner Wagen mit einem weißen Pferd. Auf dem Kutschbock saß eine Frau mit grauen Haaren, die sehr gut russisch sprach. Sie hieß Frau Ramaschka. Sie überreichte mir einen Brief. Darin stand geschrieben: »Frau Jadwiga, sie werden aufgefordert mit dieser Frau mitzufahren. Ab jetzt werden sie bei der Herrschaft Ramaschka arbeiten. Sie sind sehr nette Leute und stammen aus Russland. Dort werden Sie sich wie zu Hause fühlen. Gott helfe Euch auf eurem neuen Weg.«

Frau Ramaschka brachte den Leuten, bei denen wir uns befanden, zwei Hühner und eine Gans. Wir verabschiedeten uns und ich bedankte mich herzlich für ihre Gutherzigkeit. Die arme Frau bat mich unter Tränen, ihr Benehmen bei unserer Ankunft zu entschuldigen.

Auf dem Gut Ramaschka

Wir fuhren unserem neuen Schicksal entgegen. Als wir am Haus der Ramaschkas ankamen, trauten wir unseren Augen nicht. Rings herum schimmerte alles vor Schönheit und Sauberkeit. Mein Töchterchen Terenia strahlte vor Glück. Sie sagte: »Mama, das ist der richtige Platz für uns. Ich denke, hier gibt es auch Katzen.«

In der ganzen Zeit unserer Wanderung waren Katzen ihre besten Freunde, denn ihre Mutter musste schwer arbeiten, um das Brot zu verdienen.

Man gab uns ein Durchgangszimmer zwischen der Küche und dem Wohnzimmer. Da stand ein sauberes Bett. Es war breit genug und bequem. Die Hauptsache war das Bad. Man konnte jeden Samstag baden und sich jeden Tag richtig waschen. Die schöne Aussicht von diesem Gut erinnerte mich an Ponar 1941. Öfters dachte ich über diese Zeit nach, als ich noch mit

Jascha Fahrrad fuhr und die herrliche Landschaft genoss. Wer konnte ahnen, dass sich Ponar 1941 zum Schlachthof für die jüdische Bevölkerung wandeln würde?

Ich erinnerte mich daran, als wir noch bei den Bauern waren: Dort pflegte man sich zweimal im Jahr zu baden. Zu Ostern und zu Weihnachten. Man stellte einen Kessel mit Wasser auf die Kochplatte, den trug man in die Küche in einen noch größeren Kessel, etwa einen Meter hoch. Darin wurden das heiße und das kalte Wasser gemischt. Der Herr des Hauses kroch zuerst hinein. Seine Frau schrubbte ihn tüchtig mit einer Bürste. Sie rieb so stark, dass er schrie: »Nicht so stark!« Da schrie sie zurück: »Es muss für ein halbes Jahr reichen!«
Er stieg aus dem Bad, rot wie eine Tomate. Dann schrubbte die Wirtin ihre Kinder und sie schrien dabei aus vollem Hals. Danach fügte sie heißes Wasser zu und ging selbst hinein. Da schrubbte ihr Mann sie so stark, dass sie schrie wie ein verwundetes Schwein. Als sie fertig war, sagte sie zu mir:
»Jadwiga, nimm deinen Bastard und dann könnt ihr euch auch baden.« Ich bedankte mich bei ihr und sagte, dass ich es später tun wolle.
Sie sagte: »Was muss sich Jadwiga auch baden, wo sie sich doch jeden Tag wäscht!«
Ich stand auf, musste das Wasser hinaustragen und mit dem gleichen Wasser den Boden wischen. Danach goss ich frisches Wasser hinein und badete mich und mein Kind.

Das Bad bei der Familie Ramaschka hingegen hat mir viel Freude verschafft. Der Wirt war ein feiner Herr mit einem Spitzbart. Er machte uns bekannt mit dem übrigen Personal mit den Worten: »Die Frau heißt Jadwiga, ihre Tochter Theresa-Maria. Unser Priester kannte bereits ihre Familie. Frau Jadwiga wird bei uns auf dem Feld und bei den Schweinen arbeiten. In einem Jahr wird Theresa bei den Gänsen arbeiten.«
Keiner der Arbeiter sagte ein Wort. Man hatte uns einen Platz am großen Tisch zugewiesen. Wir bekamen hölzerne Löffel und

Schüsseln. Auf jedem Teil war ein Zeichen. So wusste man, was wem gehörte.

Am ersten Tag musste ich noch vor dem Sonnenaufgang aufstehen. Die Arbeiterin, die für die Küche verantwortlich war, weckte mich. Außer der Arbeit in der Küche hatte sie auch noch die Kühe zu melken. Es war Frühling. Der Arbeitstag zog sich in die Länge. Als erstes musste ich vom Keller die Kartoffeln heraufschleppen. Die Kartoffeln füllte ich in einen großen Kessel mit Wasser. Das Wasser für den Kessel füllte ich draußen am Brunnen in Eimer und trug sie mit einem Tragejoch hinein. Ohne dieses wäre ich nicht im Stande gewesen, es zu schaffen. Ich musste dreimal rauf und wieder runter bis ich genügend Wasser hatte. Die Kartoffeln im Kessel musste man mit einem dicken Stock rühren, so wurden sie vom Staub gesäubert. Nach der Säuberung tat ich sie in einen Dampfkessel, der auf der Herdplatte stand. So wurden die Kartoffeln gekocht bis sie weich waren. Danach musste ich zur Getreidekammer laufen und mit dem Tragejoch zwei Eimer Mehl, das extra für die Schweine vorbereitet war, holen. Das musste ich zu den weichen Kartoffeln geben und mit dem Stock mischen, bis alles zu einem Brei wurde. Dann kam noch Salz hinzu.

Als alles fertig war, trug ich die zwei Eimer mit dem Futter zum Stall und verteilte es an die Schweine. Außerdem mussten die Ställe noch sauber gemacht, und neues Heu herangeschafft werden. Das Heu holte ich aus der Kammer mit einem Apparat, der aussah wie ein halber Mond. Er war größer als ich. Damit sammelte ich das Heu und trug es hinunter in den Stall. Als ich mit diesen Arbeiten fertig war, war es schon sechs Uhr geworden. Da hatte ich bereits fünf Stunden Arbeit hinter mir. Dann war Frühstück und Pause angesagt. Das Frühstück bestand aus gekochtem Kraut mit Speck und Schweinefleisch, dazu ungeschälte Kartoffeln. Das schmeckte sehr gut. Zum Fleisch gab es Brot und zum Schluss milchige Suppe. Vor dem Frühstück hatte ich meine Tochter gewaschen und zu Tisch gebracht. Dann frühstückten wir zusammen. Ich war sehr hungrig und aß mit großem Appetit. Mein Kind hingegen aß nur ein paar Löffel Suppe, sie war sehr mager. Man nannte sie »Vögelchen«, weil sie so wenig aß. Weil wir die letzten am Frühstückstisch waren, mussten wir das Geschirr spülen.

Nach dem Essen ging ich in den Garten oder auf das Feld. Dort arbeitete ich ohne Pause bis zwölf Uhr mittags. Um diese Zeit musste ich die Schweine füttern, es war ihre zweite Mahlzeit. Am Anfang hatte ich sehr große Angst vor den Schweinen. Es gab welche dazwischen, die waren sehr groß und fett, mit Ringen in den Nasen. Als ich ihnen das erste Mal Futter brachte, überfielen sie mich und sie warfen mich um. So gierig waren sie. Um mich zu schützen, stieß ich sie mit dem Stock gegen ihre Nasenringe.

Der Hauswirt hatte mich bei meinem ersten Missgeschick beobachtet. Er sagte, ich müsse lernen, mit den Schweinen korrekt umzugehen. Jeder hatte sein System. Das Schlagen hatte geholfen. Mit der Zeit bekamen sie Respekt vor mir. Ich habe mit ihnen auf polnisch geschrien und sie haben mich verstanden und sogar lieb gewonnen. Morgens, wenn ich in den Stall kam und die Tür öffnete, versammelten sie sich um mich. Dann rief ich: »Alle raus!« Da pflegten sie, wie vom Blitz getroffen, rauszulaufen. Dann stellten sie sich wie Soldaten zu beiden Seiten auf und brummten vor Freude. Mit der Zeit wurde ich Expertin auf dem Gebiet. Es war komisch zu beobachten, wie sie geduldig warteten, bis ich mit Putzen fertig war. Wenn alles fertig war, rührten sie sich nicht von der Stelle, bis ich mit einem Lächeln sagte: »Bitte, meine Herren, meine Damen, kommt herein.«

Dann stürzten sie wie wilde Tiere in den Stall hinein. Acht von ihnen wurden gemästet zum Schlachten. Sie waren kolossal und auch die gefährlichsten. Im anderen Stall waren die Muttertiere, sie warfen zehn oder zwölf Kleine. Diese Muttertiere waren sehr böse. Sie wären imstande gewesen jemanden umzubringen, wenn er sie angerührt hätte. Meine Tochter jedoch schaffte es, sich mit ihnen anzufreunden. Sie nahm die Kleinen auf die Hände. Das Muttertier wusste, dass sie meine Tochter war. Als der Wirt das sah, hat er geschrien, die Sau würde meinem Kind etwas antun, doch ich wusste instinktiv, dass dergleichen nicht passieren würde. Der Wirt pflegte allen zu erzählen, wie ich die Schweine dressierte. Er war sehr zufrieden mit mir und sagte:»Jadwiga, ich kann es einfach nicht glauben, das du nie mit Schweinen zu tun hattest. Du hast bestimmt in deinem Leben nie etwas anderes getan.«

Daraufhin erwiderten die Arbeiter:»Nie im Leben haben die Russen sich mit Schweinen beschäftigt, höchstens im Traum.«

Als die kleinen Schweinchen sechs Wochen alt waren, kam der Veterinär, zu bestimmen, welche kastriert würden und welche gemästet. Wenn der Veterinär zum Hof hereinfuhr, roch das Muttertier dies schon von weitem und wurde ganz wild, wie eine Löwin. Sie legte sich auf ihre Kleinen und ließ niemanden zu sich. Da bat mich der Wirt, die Kleinen herauszuholen. Ich wollte es nicht tun, um das Vertrauen der Muttersau nicht zu verlieren. Dann bat er mich, das Essen für die Kleinen zu bringen. Das war eine Falle für das Muttertier. Man hob sie hoch, damit die Kleinen herauskommen konnten. Der Veterinär trug sie dann hinaus zum Kastrieren. Das Muttertier schrie erbärmlich. Sie beruhigte sich erst, als ich die Kleinen vom Kastrieren zurückbrachte. Mit zwei Monaten trennte man sie von der Mutter.

Im anderen Stall waren zwei männliche Schweine. Ihnen durfte man nicht zu viel zu fressen geben. Sie wurden zu anderen Dörfern gefahren, um die weiblichen Tiere zu decken.

Als ich in dem Garten arbeitete, der von einem Zaun umgeben war, waren die Schweine auf der Weide. Als sie mich sahen, kamen sie zum Zaun und vor lauter Freude, mich zu sehen, schnurrten sie. Ich warf ihnen das Unkraut über den Zaun und sie fraßen es.

Mein Freund »Tigris«

Es war eine Welt der Felder und Wälder, der verschiedenartigsten Gewächse und Tiere. Dazwischen war auch ein Hund. Sein Platz war dort, wo die Pferdeställe und die Kühe sich befanden. Sein Aussehen ähnelte einem Bernhardiner. Der Wirt sagte stolz, das wäre sein bester Freund. Der Hund war sehr groß, mit gelocktem, langem Haar. Sein Kopf ähnelte einem Löwen. Er hatte Riesenzähne und einen bösen Blick. Der Gutsherr pflegte stolz zu sagen, dass »Tigris«, so hieß der Hund, mit einem Zahn einen Menschen töten kann.

Er war den ganzen Tag mit einer kurzen Kette an seine Hundehütte angebunden. Abends wurde er an eine lange Kette gebunden, damit er in der Nähe der Ställe sein konnte. Außer dem Wirt traute sich keiner, ihm nahe zu kommen. Sogar die Wirtin Ursula samt dem Personal hatten Angst vor »Tigris«.

Jeden Tag, wenn ich Stroh holen musste, ging ich nicht weit entfernt an ihm vorüber. Mein ganzes Leben hatte ich Hunde. Daher bat ich den Wirt um eine zusätzliche Aufgabe, nämlich dem Hund sein Fressen zu geben. Der Wirt lachte und sagte: »Willst du dein Kind mutterlos werden lassen?«

Ich war aber stur und bestand auf meiner Bitte. Zum Schluss gab er meinem Bitten nach. Er schlug vor, es zu versuchen. »Tigris« bekam dreimal am Tag Futter. Er war der erste, der zu Fressen bekam und er bekam keine Reste.

In dieser Zeit, in der Menschen mich so enttäuschten, dachte ich mit Wonne an Hunde. An ihre Glaubwürdigkeit und Freundschaft gegenüber den Menschen.

Vor dem Frühstück pflegte der Wirt eine große saubere Schüssel zu nehmen. Da hinein legte er ein großes, gekochtes Stück Fleisch. Dazu einen Knochen und Kartoffeln und übergoss alles mit Brühe.

Das erste Mal, als ich ihm Essen brachte, erkannte er seine Schüssel. Es war für ihn ungewohnt, so knurrte er ein wenig. Doch er fletschte weder die Zähne noch bellte er. Ich ging nur so weit heran, dass er an sein Fressen herankam. Das zweite Mal sah er mich auf so komische Weise an, so dass ich lachen musste. Auch er zog eine Grimasse, als ob er lachen würde. Da nahm ich ihm die Schüssel ab und ging weg. Als ich ihm gegen Abend seine dritte Mahlzeit brachte, sagte ich ihm im Vertrauen: »Tigris, sei nicht böse darüber, dass dein Herr nicht selber kommt. Ab jetzt bin ich deine neue Freundin und heiße Jadwiga.«

Ich ging ganz nah an ihn heran, nahm den Teller und bemerkte, dass der Hund mit den Ohren wackelte. Das war ein Zeichen, dass er horchte. Am nächsten Tag traute ich mich einen Schritt näher und es ging immer besser. Eines Tages trug ich Heu zu den Schweinen in den Stall, da bemerkte ich, dass der Hund mit dem Schwanz wedelte. Als ich das sah, warf ich das Heu auf die Erde, lief zu Tigris, umarmte ihn und er leckte meine Hände. Danach machte ich seine Hütte sauber und legte frisches Heu hinein. Tigris' Hütte war so breit, dass man sich drinnen fast frei bewegen konnte. Ich ging zur Kammer, um frisches Heu zu holen. Ich beschloss, ihm ab jetzt Heu anstatt Stroh zu geben, damit er weicher liegen konnte. Ich gab ihm frisches Wasser, weil es ein sehr heißer Tag war. Alle Menschen und Tiere waren sehr durstig an diesem Tag. Er trank gierig das Wasser und fühlte sich viel frischer. In diesem Moment begann eine tiefe Freundschaft zwischen uns beiden. Jeden Abend, wenn Tigris an der langen Leine angebunden war, brachte ich mein Kind zu ihm. Er war sehr klug. Er spürte, dass wir beide seine besten Freunde waren. Ich gebot meiner Tochter, niemand davon zu erzählen, dass sie zu ihm in die Hütte kroch. Sie konnte es immer nur dann machen, wenn ich dabei war. Ich hatte Angst, dass der Wirt sagen würde, es würde Tigris zu sanft machen. Ihm war es lieber, wenn alle Angst vor ihm hatten. Ich habe nicht geprahlt mit dieser Freundschaft. Ich wusste im Innern, eines Tages wird es uns zugute kommen. Der Wirt staunte und sagte: »Es sind nun schon acht Jahre und wir alle zittern vor Tigris. Nur Jadwiga kann gut mit ihm auskommen. Sage es mir: vielleicht bist du eine Zauberin? Wie ich sehe, verstehen der Hund und die Schweine deine Sprache.«

Darauf erwiderte ich mit einem Lächeln. Vielleicht war er mit seiner Vermutung nicht weit von der Wahrheit entfernt: die

Tatsache, dass ich mit meinem Töchterchen am Leben geblieben bin, grenzt an Zauberei.

Die verrückte Russin

Die Arbeit auf dem Gut war sehr schwer. Nach der Arbeit nahm ich einen Eimer mit heißem Wasser und brachte dann mein Kind ins Bad zum Waschen. Ich badete sie, wusch mich selbst und unsere Sachen. Wir besaßen nur zwei Hemden. Eines davon habe ich gewaschen und das zweite getrocknet. Die Arbeiter und auch der Wirt nannten mich »die verrückte Russin, die sich jeden Tag wäscht«. Ich nähte auch mit dem Stoff, den mir die Leute gaben, oder besser gesagt aus den Lumpen, Anziehsachen. Einmal bekam ich ein altes Leinenhemd. Das habe ich rot eingefärbt, dann nähte ich davon ein Kleidchen für meine Tochter. Es war ihr Lieblingskleid. Sie wollte es überhaupt nicht mehr ausziehen. Ich musste es jeden Abend waschen und am nächsten Morgen zog sie es wieder an.

Terania, so wurde sie auf dem Gut genannt, lief immer barfuß über die Felder. Die Truthähne sahen ihr rotes Kleid und liefen ihr nach. Sie war aber flinker als die Tiere, lief schnell in die Küche und knallte die Tür hinter sich zu. Dann kletterte sie auf das Fensterbrett und reizte die Truthähne mit ihrem roten Kleid, dabei lachte sie vor Vergnügen. Die Truthähne flatterten in die Höhe, teilweise bis in die Krone eines Baumes.

Ihr Liebling jedoch war eine Katze. Die ganze Zeit, wenn sie im Haus war, war sie bei ihr und saß bei ihr auf dem Schoß. Einmal war es eine richtige Komödie. Wie ich schon erzählte, pflegte ich meine Tochter zum Frühstück zu wecken. Sie wartete auf mich im Bett mit Puppe und Katze. Als ich zu ihr kam, zog ich sie an und wir gingen zum Frühstück. Eines Morgens, als ich sie wieder einmal wecken wollte, sah ich wie immer die Katze, doch dieses Mal hatte sie eine Maus im Maul. Diese brachte sie meiner Tochter. Das Mäuschen war außer sich vor Schreck und versuchte zu fliehen. Doch die Katze fing sie wieder ein und brachte sie zurück. Dabei schnurrte sie vor Vergnügen. Als ich sah wie meine Tochter und die Katze mit dem Mäuschen spielten, wurde mir schlecht. Ich warf die Katze aus dem Bett, mitsamt der Maus. Meine Tochter weinte bitterlich und warf erbost ihre Puppe auf den Boden.

Jetzt werde ich versuchen die Puppe zu schildern: Aus Leinen hatte ich ihren Körper genäht und anschließend mit Heu gefüllt. Die Hände und Füße waren aus dem gleichen Stoff. Der Kopf bestand aus einer Kartoffel, aus der ich das Gesicht herausschnitzte. Jeden Sonntag musste ich einen neuen Kopf machen, denn im Verlauf der Woche wurde er schwarz wie Kohle. Ich nähte auch Kleider für sie. Terania war der Meinung, dass die Puppe gegen Ende der Woche ihre Hautfarbe wechselt und sich in eine Dunkelhäutige verwandelt.

Die Menschen auf dem Gut

Ich will nun die Menschen auf dem Gut beschreiben: Der Wirt stammte aus einer Gutsbesitzerfamilie in Russland. Mit seinem Spitzbart sah er aus wie ein Baron. Seine Frau war viel größer als er, sie hatte graue Haare und verbissene Lippen. Sie war kein sympathischer Mensch. Sie war nicht höflich zu den Arbeitern und hatte einen schwierigen Charakter. Vielleicht kann man es verstehen, wenn man ihr schweres Leben betrachtet an der Seite eines Mannes, der sehr leichtlebig war. Sie hatten keine Kinder. Sie haben Ursulas Tochter großgezogen. Ursula war die Tochter ihres Mannes aus erster Ehe. Sie arbeitete bei ihnen schon seit zwanzig Jahren. Sie war eine ausgezeichnete Köchin, außerdem melkte sie die Kühe. Die Tochter Weruta war bereits sechzehn Jahre alt. Die Wirtin und ihr Mann adoptierten sie, gaben ihr alles, was die Tochter reicher Eltern nur haben kann. Sie schickten sie ins Gymnasium, von wo sie jeden Sonntag zurückkehrte. Sie war sehr schön gekleidet und bekam alles, was sie sich wünschte.

Sie nannte Ursula nur dann »Mama«, wenn sie etwas von ihr wollte. Nur die Hauseigentümer erkannte sie als ihre Eltern an und zeigte ihnen einen höhnischen Respekt. Obwohl sie nur die Tochter eines Dienstmädchens war, spielte sie sich auf wie eine Prinzessin. Mir gegenüber war sie sehr unhöflich und schrie mich an wegen jeder Kleinigkeit. Wenn uns der Wirt nicht oft zu Hilfe gekommen wäre, wir hätten es dort nicht aushalten können.

Von Mal zu Mal war ich mit meinen Gedanken woanders. Ich erinnerte mich an die Geschehnisse von früher, alles was wir erlebt hatten und alles, was in meinem Erinnerungsvermögen haften geblieben war. Die Arbeit auf dem Gut und die verschiedenen Arbeitsgeräte erinnerten mich an manches, was in der Vergangenheit geschehen war.

Eines Tages sah ich die Arbeiter mit Besen in ihren Händen. Das erinnerte mich an zwei Reinigungsarbeiter im Hof des Judenrates in der Rodnitzkistraße. Es waren der Rechtsanwalt Schloßberg, der ein sehr berühmter Jurist vor dem Krieg war, und ein bekannter Ingenieur, an dessen Namen ich mich nicht mehr erinnere. Ich sah die beiden, als ich da vorbeiging. Beide waren in ein Gespräch vertieft. Sie sprachen sich gegenseitig mit ihren jeweiligen Titel an: »Herr Rechtsanwalt …«, »Herr Ingenieur …« Sie sprachen über Politik, mit zerrissenen Kleidern, doch ihre Sprache war kultiviert wie in den früheren Zeiten. Als ich vorbeiging, sah ich den Ingenieur auf seinen Besen gestützt stehen, in Gedanken vertieft. Der Rechtsanwalt Schloßberg sagte zu mir, als er mich sah: »Störe ihn jetzt nicht, er muss ausrechnen, wie lange uns auf dieser Welt noch zu leben bleibt.«

So strömte das Leben im Gut vor sich hin. Ein Leben, gekoppelt an die Erinnerungen von früher. Im allgemeinen jedoch war das Leben hier eine Oase im Vergleich zu dem, was wir vorher hatten. Um es weiter genießen zu können, mussten wir auf der Hut sein, damit unsere Identität verborgen blieb. Jeder Fehltritt auf dem Gut konnte unser Verderben bedeuten.

Sämtliche Leute waren verbissen und schlecht. Ursula war enttäuscht, weil ihr Liebhaber, der Müller (die Mühle gehörte ebenfalls zu Ramaschka) sie nicht heiraten wollte. Er war viel jünger als sie. Weruta, ihre Tochter schämte sich für ihre Mutter. Und ließ die ganze Wut an mir aus.

Auf dem Gut gab es drei Arbeiter. Zwei von ihnen waren dort mit ihren Frauen beschäftigt, einer war noch ledig. Als ich dort hinkam, um zu arbeiten, versuchten alle drei mir den Hof zu machen. Es waren einfache Bauern und ihrem Wesen nach sehr primitiv. Als sie merkten, dass sie für mich Luft waren, fingen sie an, mir die Hölle auf Erden zu bereiten. Sie gaben mir die schlimmste und schmutzigste Arbeit und nannten mich »Russische Hure mit ihrem Bastard«. Sie hassten die Russen und wälzten ihren Hass auf mich ab. Sie beleidigten mich auf Schritt und Tritt. Ich hätte mich beim Wirt beschweren können, doch aus lauter Angst tat ich es nicht. Es hätte mein Ende bedeuten können. Es hätte ihnen sicher nichts ausgemacht, jemanden mit einem Messer zu erstechen. Außer ihnen waren da noch ihre zwei Frauen. Die eine hieß Staska. Es war eine junge »Schickse«. Sie pflegte die Zimmer aufzuräumen während der Woche. Sonntags, wenn alle im Wohnzimmer speisten, hatte sie den Tisch zu decken und das Essen zu servieren. Außerdem kümmerte sie sich um die Gäste, die manchmal kamen. In ihrer Freizeit arbeitete sie auf dem Feld. Sie hatte einen schlechten Ruf. Im Bezug auf Männer war sie sehr leichtsinnig und eine echte Närrin. Nicht nur einmal kam es unter den Bauern zu Schlägereien wegen ihr. Dies geschah alles hinter dem Rücken des Wirts. Ich war zufrieden, nichts damit zu tun zu haben. Fast den ganzen Tag war ich im Stall beschäftigt. Die Arbeiter waren bei ihrer Feldarbeit. Nachmittags war allen eine halbe Stunde Pause vergönnt. Alle aßen schnell, damit sie noch Zeit hatten, sich auszuruhen und legten sich ins Heu. Dieses Heu hatte die Wirkung eines Betäubungsmittels. Kaum hatte man sich hingelegt und die Augen zugemacht, hörte man schon den Gong und man musste schnell aufstehen und weiterarbeiten. In der Nacht konnte ich kaum schlafen. Der Gedanke, bald schon wieder aufstehen zu müssen, ließ mir keine Ruhe.

Eigentlich war der Wirt ein guter Mensch, wenn er auch streng zu den Arbeitern war. Seine Frau beschäftigte sich nur mit dem Geflügel. Ich selbst hatte keine Minute frei. In der

Nacht lag ich wach und sagte mir immer wieder: »Halte noch aus! Gib nicht auf! Du musst stark sein!«

Sonntags gingen alle in die Kirche, sie lag etwa sechs Kilometer von uns entfernt. Einen Sonntag ging ich, am nächsten ging Ursula. Der Wirt und seine Frau nahmen meine Tochter mit in ihrem Wagen, während ich zu Fuß gehen musste. Sonntags kochte ich auch nicht für die Schweine. Aber fressen mussten sie doch, so kochte ich schon Samstags die doppelte Portion. Wenn dann alle zur Kirche waren und ich allein auf dem Gut war, ging ich zum Hund und löste ihm die Leine, damit er sich frei bewegen konnte. Der Wirt durfte es nicht wissen. Er hatte die Leine mit einem Schloss versehen und ich konnte es nur unter großen Schwierigkeiten öffnen.

Mein Großvater hatte viele Hobbys. Eine dieser Leidenschaften waren seine Käfige mit Exoten, ein Aquarium mit seltenen Fischen. Vielleicht liegt in seiner Liebe zu den Tieren die Wurzel für meine eigene, innige Beziehung zu ihnen, ganz besonders zu Hunden. Neben unseren eigenen Hunden kümmerte ich mich immer um streunende Hunde. Ich schnitt eine Scheibe frisches Brot ab, schmierte Butter darauf und verteilte es an Hunde auf der Straße. Mehr als einmal wurde ich deswegen bestraft.

Einmal, es passierte in den letzten Tagen unseres Aufenthaltes auf dem Gut, hatte der Gutsherr Tigris mitsamt der Hütte an einen anderen Ort gebracht. Als er das Schloss der Kette öffnete, merkte er, dass es sehr leicht aufging. Das kam ihm sehr merkwürdig vor. Er fragte mich, ob ich den Hund manchmal freigelassen hätte. Da konnte ich nicht leugnen und sagte ihm die Wahrheit. Darauf war er sehr verärgert und sagte, wenn Tigris jemanden angefallen hätte, wäre er wohl ins Gefängnis gewandert. Ich sollte so etwas bloß nie wieder tun, warnte er mich eindringlich, schließlich müsse jeder wissen, wo sein Platz sei.

Meine Tochter lief stets barfuß. Ihre Schuhe waren zerrissen und außerdem zu klein. Einmal, als der Gutsherr und seine Frau sie sonntags mit zur Kirche nahmen, fiel es ihnen auf. Also wurden Schuhe aus Holz gekauft. Terenia freute sich so, dass sie sogar nachts die Schuhe mit ins Bett nahm. Doch ihre Fußsohlen waren mittlerweile so hart, dass sie barfuß über ein Stoppelfeld laufen konnte. Vom Gutsherren hätte meine Tochter viel mehr noch haben können, wäre sie nicht so verschlossen gewesen, denn sie war das einzige Kind auf dem Gut. Sie war sehr schweigsam mit niedergeschlagenen Augen, denn ihr war klar, dass sie schweigen musste und nur selten Antwort geben durfte.

Außer der Katze befreundete sie sich mit einem Schafhirten. Er war ein Draufgänger, der die Mädchen ausnutzte und verachtete. Einmal war sie den ganzen Tag mit ihm auf dem Feld. Ich machte mir große Sorgen, bis ich sie gesund und munter zurückkommen sah.

Die Sache mit dem Hirten weckte in mir die Erinnerung an eine Sache, die in Wilna Furore machte. Es war die Geschichte, die sich während der Gräueltaten in Ponar abspielte. Es ging um zwei jüdische Jungs, die es geschafft hatten, sich aus den Leichenbergen in Ponar zu befreien. Sie konnten fliehen und kamen unter in einem der Dörfer in der Umgebung. Die Bauern kamen ihnen zu Hilfe. Sie säuberten sie vom Blut, verbanden ihre Wunden und beschäftigten sie als Hirten.

Zu Pfingsten bekam ich von meinem Arbeitgeber ein neues Kleid aus dickem Stoff geschenkt. Es war rot-weiß kariert. Ein echtes Bauernkleid. Mit diesem Kleid und einem weißen Kopftuch, die Holzschuhe in der Hand, machte ich mich auf den Weg in die Kirche. Ich sah jetzt exakt aus wie eine Bäuerin. Niemandem fiel etwas auf, als ich in der Kirche war.

Wer ist Bolak?

Als wir zum Gut kamen, tuschelten die Arbeiter: »Jetzt wird Bolak endlich eine Freundin haben.« Ich wusste nicht, wen sie meinten und es interessierte mich auch nicht im Geringsten. Nach zwei Wochen kam jener Bolak ins Gut. Er arbeitete auf einem anderen Hof, etwa sechs Kilometer entfernt. Er war blond, hochgewachsen, etwa dreißig Jahre alt. Ein schöner junger Mann mit dunklen Augen und langen Koteletten, ein Bauer. Er sprach sehr gut Polnisch. Man erzählte, dass er aus einer kleinen Stadt bei Wilna entkommen sei. Diese hätten die Russen in Brand gesteckt und seine Familie erschossen. Das kam mir sehr schleierhaft vor. In Wilna hatten wir nichts davon gehört, dass die Russen so etwas taten. Meine Arbeitgeber erzählten, dass er schon lange da sei und dass er ein Jahr bei ihnen gearbeitet hätte. Nun arbeitete er auf dem Nachbarhof. Man hielt ihn für einen guten Arbeiter, obwohl er ein Pole war.

Als man uns miteinander bekannt machte und ich in seine Augen sah, wurde mir schwindelig. Ich blickte in traurige jüdische Augen. Doch er benahm sich wie ein echter Arier. Poussierte mit allen Mädchen, am meisten mit unserer Stasia. Von mir hielt er sich fern, ja, ich bemerkte, dass er mir auswich. Jeden Sonntag kam er zu uns auf das Gut, spielte mit Terenia und sprach sehr wenig. Einmal, es war ebenfalls ein Sonntag, kam er zu mir, als ich die Schweine fütterte. Ich fragte ihn, warum er nicht zurückkehre in seine Heimat. Dort seien jetzt die Deutschen, genau wie hier und die Russen seien längst fort. Da antwortete er: »Wenn die Oma Räder hätte, wäre sie eine Straßenbahn.« Großer Gott! Das war ein jüdisches Sprichwort!

Ich war außer mir. Ich wollte ihn noch etwas fragen, doch vor lauter Aufregung bekam ich kein Wort heraus. Er kam ganz nah heran, küsste mich auf die Wange und flüsterte mir ins Ohr: »Jadwiga, halte aus! Das Ende ist schon ziemlich nah.«

In dieser Nacht konnte ich nicht einschlafen. Ich dachte: wenn er ein Jude ist, wieso kann er sich so verstellen und spielt die Rolle eines Bauern? Woher hat er Papiere? Papiere vom deutschen Militär? Wie hatte er sie bekommen? Und wieso ging er mit allen anderen ins Bad? Ich hatte tausend Fragen, wollte seine wirkliche Herkunft wissen. Und hatte Angst. Vielleicht irrte ich mich. Vielleicht war er in Wirklichkeit ein Spion der Nazis, der versuchte herauszufinden, wer ich wirklich war. Sein Benehmen mir gegenüber war sehr korrekt und edel. Wenn auch nur eine andere Person in der Nähe war, mied er mich völlig.

Es kam die Zeit der Ernte. Von den Höfen in der Umgebung kamen viele Arbeiter, um uns zu helfen. In der Küche wurde gekocht und gebacken für die Feierlichkeiten nach dem Schnitt. So war es dort Sitte. Jeden Abend spielte die Musik auf. Man tanzte, sang und trank und aß. Das dauerte meist bis um zehn Uhr abends. Das größte Fest wurde am Ende der Ernte gefeiert. Alle versammelten sich an diesem Abend. Bolak war auch dabei und tanzte mit allen Schicksen. Die ganze Nacht wurde gefeiert. Bolak indes würdigte mich keines Blickes. Er steckte meiner Tochter Süßigkeiten zu und sagte zu ihr: »Sei gut zu deiner Mutter, sie arbeitet schwer.« In der Nacht, als wir zusammen im Bett lagen, erzählte sie mir das. Ich war sehr gerührt. Ich konnte mir noch immer nicht erklären, wer dieser Mann war. Am Montagmorgen verabschiedeten sich alle und fuhren weg. Bolak kam zu mir und sagte: »Jadwiga, du bist schöner und besser als alle Mädchen hier. Du musst mich verstehen, es muss so sein, wie es jetzt ist. Stelle mir niemals Fragen.«

Ich stand da wie versteinert und schaute ihm nach bis er verschwand.

Einmal, in der Zeit der Beichten, das war jede Zeit, da alle zum Priester mussten um ihre Sünden zu beichten, war auch ich an der Reihe. Jeden Tag ging ein Arbeiter hin. Ich durfte nicht auffallen, also musste auch ich hin. Auf dem Weg zum Priester war ich in Gedanken versunken. Ich musste mir irgend eine Sünde ausdenken, die ich begangen hatte. So in Grübeleien versunken bemerkte ich nicht, dass Bolak mit einem Mal neben mir ging. Er wusste wohin ich ging. Er ging neben mir und schwieg. Als wir zum Waldrand kamen, sagte er zu mir: »Ich war gestern beim Priester beichten. Keiner darf uns zusammen sehen. Wir müssen uns vor übler Nachrede hüten.«

Dann war er verschwunden. Doch mit einem Mal war er wieder da, trat ganz dicht an mich heran und sagte: »Sag dem Priester, du hast mit mir gesündigt! Ich habe ihm gestern das gleiche erzählt. Er wird uns die Sünde verzeihen. Du wirst zehnmal das ›Vater unser‹ beten müssen und zwanzigmal ›Heilige Maria‹ und du wirst von den Sünden befreit sein.«

Wir lachten beide über diesen Einfall, dann verschwand er. Ich hatte keinen Zweifel, dass dieser Mann ein Geheimnis verbirgt, wusste aber immer noch nicht, wer er in Wirklichkeit war.

Noch eine Begegnung mit ihm möchte ich erzählen. Eines Morgens saß ich in der Küche, es war nach dem Besuch von sowjetischen und litauischen Partisanen. Da saß er am Tisch und reinigte seine Pistole. Eine Menge Patronen lagen auf dem Tisch. Darüber wunderte ich mich sehr. Der Gutsherr, der anwesend war, erklärte, Bolak sei zwar von seiner Abstammung Pole, jetzt aber ein litauischer Patriot. Er ginge zu den litauischen Partisanen, um gegen die Russen zu kämpfen. Am gleichen Tag verabschiedete sich Bolak von mir mit den Worten. »Jetzt werde ich denen alle meine Leiden zurückzahlen.« Es war das letzte Mal, dass ich ihn sah. Ich hätte gerne gewusst, was mit ihm geschehen ist. Wer war dieser rätselhafte Mann? Eine dieser unendlich vielen Fragen, die zu dieser Epoche gehören.

Ständig auf der Hut

In der Nacht, nachdem ich beim Priester zur Beichte war, hatten wir Besuch von sowjetischen Partisanen. Es waren zehn Mann, gekleidet in sowjetische Militäranzüge. Alle waren bewaffnet. Sie befahlen uns, aufzustehen und wir mussten uns an die Wand stellen. Der Wirt zeigte auf mich und sagte, ich sei eine Russin, die er aushielte mit ihrem Kind.

Der älteste der Partisanen, wahrscheinlich ein Brigadier fragte mich mit lauter Stimme: »Wie heißt du und wo kommst du her?«

Ich antwortete: »Ich heiße Iwanowa und bin aus Polozk evakuiert worden. Mein Mann ist Panzerfahrer beim russischen Militär.«

Er beschimpfte mich mit den schlimmsten Schimpfwörtern, die in der russischen Sprache vorkommen. Dann sagte er: »Dein Platz ist bei den Partisanen und nicht hier. Dort sind Frauen und Kinder und du brauchst nicht den Hintern der Nazis zu putzen!«

Ich dachte, er wird mich bald erschießen, weil er die ganze Zeit die Pistole auf mich gerichtet hielt. Es war fast ein Wunder, dass er es nicht tat. Dann drehte er sich um und sagte zum Gutsherrn: »Jetzt gehst du raus mit zwei Soldaten und gibst ihnen Proviant für eine Woche. Dazu Stiefel für die ganze Brigade. Der Gutsherr zitterte am ganzen Leibe und ging mit ihnen. Man lud zwei Wagen voll mit allem, was sie verlangten. Um zwei Uhr nachts war alles vorbei. Mich hatten die Partisanen ganz vergessen. Ich sah, dass sich meine Lage verschlechterte. Drei Tage später, als wir auf dem Feld Kartoffeln ernteten, sahen wir wie auf der Straße eine ganze Brigade zu Pferd entlanggaloppierte. Im ersten Moment dachten wir, das seien die Russen. Doch es stellte sich heraus, dass es litauische Partisanen waren. Sie hielten zu den Deutschen und kämpften gegen die russischen Partisanen. Unser Wirt hatte sie eingeladen auf sein Gut. Er nahm sie königlich bei sich auf. Beim Abendessen sagte er mir, dass er mich sprechen wolle. Ich dachte schon, dass er mich rausschmeißen wolle. Er sagte mir aber, dass wir uns das nächste Mal, wenn litauische Partisanen zu Besuch seien, verstecken müssten. Wenn sie erführen, dass ich eine Russin sei, würden sie mich und mein Kind ohne Skrupel erschießen. Ich war sowieso schon die ganze Zeit auf der Hut. Bei der Arbeit auf dem Feld schaute ich stets in Richtung der Straße, ob jemand verdächtiges käme. Meinem Kind verbot ich aus dem Haus zu gehen. Sie sollte während meiner Abwesenheit möglichst in der Küche bleiben.

Eines Tages hörte ich Pferde im Galopp. Ich war gerade beim Füttern der Schweine. Zum Glück war mein Kind bei mir. Wir rannten zum Hof und krochen in Tigris' Hütte. Da drin lagen wir etwa zwei Stunden. Der Hund lag davor und bellte die Partisanen nicht an. Die litauischen Partisanen gingen ins Haus und der Hund verhielt sich so, als wüsste er, dass wir in Gefahr schwebten und seinen Schutz benötigten. Die Partisanen suchten überall und waren schon ganz nah, doch an den Hund trauten sie sich nicht heran. So bot uns Tigris' Hütte Versteck und Schutz.

Und wieder ein Vorfall, der sich ereignete: Es war schon Herbst, die Stadt Kowno war schon von den Russen eingenommen, da kamen zwei Wagen mit Pferden. Die Fuhrleute waren Neffen der Gutsherrin. Die zwei Wagen waren beladen mit den verschiedensten Sachen. Sie waren aus Kowno vor den Russen geflohen. Es waren ein Mann und ein zweiter mit seiner Frau. Man rief mich und Staska und befahl uns, ein Häuschen zu säubern, dass als Abstellkammer diente und angefüllt war mit den verschiedensten Apparaten und alten Möbeln. Es war eine sehr schwere körperliche Arbeit. Wir schufteten lange, bis das Häuschen bewohnbar war. Dann fingen wir an, die Wagen auszuladen. Als ich die Sachen sah, wurde mir auf der Stelle mulmig. Alle Sachen rochen nach jüdischem Blut. Ich fand sogar silberne Schabbat-Leuchter. Als meine Tochter kam, sagte einer von ihnen zu dem anderen: »Ich denke, das ist ein jüdisches Kind.«

Der Gutsherr erklärte, dass wir aus Russland stammten, jedoch aus einer polnischen Familie. Ich wäre auch eine entfernte Verwandte des Priesters und wir seien fromme Katholiken. Nach dieser Erklärung beruhigten sie sich. Doch ich schnitt meiner Tochter mit einer Schere ihre Locken ab. Unser Bett stand am Fenster und wir blickten von dort auf das Häuschen, das die Neffen bewohnten. Einmal, in der Nacht, wachte ich auf. Es schien mir, dass Partisanen sich auf dem Gut befänden. Mag sein, dass ich geträumt hatte. Ich sah aus dem Fenster. Es war eine helle Nacht und ich beobachtete einen der Neffen, wie er Wache hielt mit einem Gewehr auf dem Rücken. Am Morgen erzählte ich es Ursula und sagte zu ihr, wenn wieder russische Partisanen kämen und würden jemanden mit einer Flinte erblicken, würden sie ohne Zögern das ganze Gut anstecken und keiner von uns würde am Leben bleiben.

Ursula erzählte dies dem Gutsherren und seiner Frau. Der Wirt war sehr erschrocken, und sagte seinen Verwandten, sie sollten nicht mehr mit einer Flinte herumgehen. Anderenfalls müssten sie das Gut verlassen. Einer von ihnen ist sofort wutentbrannt aufgesprungen und schrie: »Das hat bestimmt die Jüdin gesagt, ich habe selbst gesehen, wie sie uns nachspioniert vom Fenster aus. Ich werde sie jetzt samt ihrem Bastard erschießen.«

Davon erfuhr ich jedoch erst am nächsten Tag. Inzwischen kam Ursula zu mir auf das Feld gelaufen und sagte, ich solle mich mit dem Kind schleunigst verstecken, bis die Neffen das Gut verlassen hätten.

Zum Glück war Terenia bei mir. Ich nahm sie bei der Hand. Wir kletterten über den Zaun und krochen zu Tigris in die Hütte. Es war etwa zehn Uhr morgens. Es wurde Mittag. Wir sahen durch die Ritzen, wie Ursula die Schweine fütterte. Die Arbeiter wuschen sich am Brunnen, um anschließend zum Mittagstisch zu gehen. Was sich auf dem Gut tat und warum wir uns verstecken sollten, war mir noch nicht klar. Dann kam der Gutsherr und brachte Tigris das Essen. Tigris ging sofort zur Hütte und verstellte sie mit seinem Körper. Er rührte sein Fressen nicht an, sondern wartete, bis der Wirt gegangen war. Um uns herum wurde es ruhig. Der Hund schaute uns an, als wolle er uns zum Essen auffordern. Ich nahm ein paar Kartoffeln aus der Schüssel und gab sie meinem Kind. Der Hund schaute uns an mit seinen klugen Augen, als wolle er sagen: »Esst ruhig, ich habe keinen Hunger.« Er rührte sich nicht und wir aßen das Fleisch und die Kartoffeln und ließen ihm die Knochen und die Brühe. Meiner Tochter gefiel es, in Tigris' Hütte zu sein. Sie war sehr zufrieden. Irgendwann nahm Tigris dann die Knochen aus der Schüssel und fing an zu kauen.

Noch heute erinnere ich mich mit Wonne an diese tiefe Freundschaft zwischen uns und Tigris. Zum Abendessen geschah das gleiche. Als es finster wurde, hörten wir Ursulas Stimme und die des Gutsherren. Sie riefen ganz leise nach uns. Sie wollten uns etwas zu essen bringen. Wir lagen ganz still und brachten keinen Ton heraus. Die ganze Nacht lagen wir mit Tigris zusammen in seiner Hütte. Erst am frühen Morgen, noch vor Sonnenaufgang, hörten wir wie die Neffen das Gut verließen. Später dann Stimmen, die riefen: »Jadwiga, Terenia, ihr könnt ruhig herauskommen aus eurem Versteck, die Gefahr ist vorüber.«

Trotzdem bewegten wir uns nicht. Ich wollte unser Versteck nicht verraten. Wir wollten erst zur Frühstückszeit herauskommen, wenn keiner sich in unserer Nähe aufhielt.

Befreiung und Rückkehr

Nachdem die Schweine gefüttert waren und alle beim Frühstück saßen, kamen wir herein. Terenia wusste, dass keiner unser Versteck erfahren durfte. Ich konnte mich in dieser Hinsicht voll auf sie verlassen. Das Leben in ständiger Gefahr prägte sie, machte sie klüger und erfahrener. Wir beide hörten uns alles an und gaben keine Antwort. An nächsten Tag arbeitete ich schon wieder ganz normal, so, als ob nichts geschehen wäre. Es war schon fast am Ende des Krieges und die Wirtin wurde noch schweigsamer.

Eines Abends kam ein Hirte angelaufen. Er war völlig außer Atem und schrie: »Kommt heraus und schaut, was draußen passiert!«

Wir kletterten auf das Dach. Aus der Ferne konnte man Detonationen von Bomben hören. Dort sahen wir etwas sehr Faszinierendes: der ganze Himmel war übersät mit brennenden Funken. Es war die Bombardierung der Stadt Tilsit, die etwa siebzig Kilometer von uns entfernt lag. Man konnte es nur schwach hören, doch so deutlich sehen, als sei es ganz in unserer Nähe.

Am nächsten Morgen befahl uns der Gutsherr einen Bunker zu graben. Nicht weit von uns entfernt befand sich ein Hügel. Er war in der Mitte gespalten. In dem Spalt sollten wir auf beiden Seiten graben, so weit, dass sich alle dort verstecken könnten. Nachdem wir fertig gegraben hatten, legten wir den Bunker mit Brettern aus und alle wertvollen Sachen aus dem Haus wurden dorthin gebracht. Wir arbeiteten schwer bis in die Nacht hinein. Die Bombardierung wurde immer stärker. Alle hatten Angst, im Haus zu übernachten. Als erstes nahm ich einen Strohsack und legte mein Kind darauf zum Schlafen. Ich saß bei ihr, so nah beim Ende wollte ich kein Risiko eingehen. Beim Sonnenaufgang hörten wir die Kanonen schon ganz nah. Wir öffneten die Türen der Ställe, damit das Vieh sich in Sicherheit bringen konnte. Alle kamen herein in den Bunker und beteten zu Gott, dass er die Deutschen retten solle aus den Krallen der Sowjets. Ich betete auch und bat Gott gnädig zu sein in den letzten Stunden und uns am Leben zu lassen. Draußen platzten die Bomben, eine nach der anderen. Es blitzte und donnerte, dass man denken konnte, vom Gut sei nichts mehr übrig. So lagen wir bis zwei Uhr. Es wurde ganz still. Es herrschte eine unheimliche Stille.

Der Hirt ging als erster heraus und schrie: »Kommt alle her! Schaut, auf der Straße! Dort wimmelt es von deutschem Militär!«

Wir gingen heraus und sahen Hunderte von Panzern auf der Straße. Alle waren davon überzeugt, dass es die Deutschen waren. Sie konnten einfach nicht glauben, dass die Russen solche Panzer besitzen. Wir sahen einige Limousinen zum Gut fahren, das durch ein Wunder nicht beschädigt wurde. Im Feld waren tiefe Löcher zu sehen. Der Wirt lief ihnen entgegen um sie zu begrüßen. Zu seinem Bedauern waren es sowjetische Offiziere.

Ich lief zu Tigris um zu sehen, ob ihm nichts passiert sei. Ich bat ihn um Verzeihung, dass er in einer Hütte eingesperrt war. Er winselte vor Freude. Diesen Hund werde ich mein ganzes Leben nicht vergessen.

Bei uns im Haus quartierte sich ein russischer Stab ein. Der Kommandant war ein Jude, er hieß Anzilewiz. Eine blonde Frau war seine rechte Hand und seine Geliebte. Ich hatte immer noch Angst unsere echte Abstammung zu verraten. Ich arbeitete normal weiter, obwohl der Wirt mich aufforderte, mich ab und zu auszuruhen. Er hatte sich bestimmt dabei etwas gedacht.

Auf dem Gut hatte sich vieles verändert. Das Wohnzimmer diente als Sammelplatz der Brigade. Neue Tischdecken lagen auf den Tischen, darauf verschiedene Landkarten von sämtlichen Landesteilen.

Ein Brief der Wunder vollbringt

Eines Tages, als ich sah, dass der Brigadier im Wohnzimmer war, klopfte ich an und fragte, ob ich unter vier Augen mit ihm reden könne. Beim Tisch saß seine Adjudantin Nadia. Er machte hinter mir die Tür zu und sagte, ich könne alles sagen. Zwischen ihm und Nadia gäbe es keine Geheimnisse. Er bot mir an mich zu setzen.

Er wusste bereits, dass ich Russin war. Da erzählte ich ihm die ganze Wahrheit und was wir durchgemacht hatten, seit wir vom Transport geflohen waren. Der Brigadier war sehr gerührt von meiner Erzählung. Die ganze Zeit wischte er sich die Tränen aus den Augen. Die Adjudantin war ebenfalls sehr gerührt und weinte auch. Er nahm mich in den Arm, gab mir einen Kuss auf meinen Kopf und sagte: »Ich danke dir, Mutter, dass du das Kind gerettet hast.«

Er schrieb direkt einen Brief, dass man mir und meinem Kind behilflich sein sollte auf dem Weg nach Wilna. Diesen Brief hütete ich wie meinen Augapfel und er befindet sich noch heute in meiner Obhut. Der Brigadier gab mir außerdem noch 200 Rubel mit auf den Weg. An nächsten Tag, früh am Morgen musste dieser Stab uns verlassen und es kam ein anderer Stab von einer zweiten Front zu uns. Mittlerweile sprach ich gut litauisch, so baten sie mich, als Dolmetscherin für sie zu arbeiten.

Jeden Morgen fuhr ich mit ihnen nach Schaulen. Dort befand sich ihr Büro. Ich half beim Verhör der Gefangenen. Einmal kam eine jüdische Frau ins Büro. Sie erkannte direkt, dass ich eine Jüdin bin und sprach auf jiddisch zu mir. Mir fiel es schwer, nach so langer Zeit ein Wort jiddisch herauszubekommen. Sie erzählte mir, dass allein sie am Leben geblieben war von ihrer ganzen Familie in Schaulen. Ein Christ hatte sie während des Krieges bei sich versteckt. Ich antwortete ihr, sie solle den Mann herbringen. Ich würde mit den Offizieren darüber reden, auf welche Art man sich bei ihm für seine Hilfsbereitschaft bedanken würde. Außerdem würden wir sehen, wie sie ihr Haus und ihre Sachen zurückbekommen könnte. Am anderen Morgen kam sie mit dem Mann. Als ich ihn sah, konnte ich meine Überraschung nicht verbergen. Es war der gleiche Litauer, wegen dem ich zum Priester gerannt bin und wegen dem ich mit dessen Hilfe die Stadt verlassen hatte. Irgendwann wollte ich dem Litauer den Schrecken heimzahlen, den er mir bereitet hatte, und nun erlebte ich das genaue Gegenteil. Er erzählte mir, dass es damals tatsächlich seine Absicht gewesen sei, uns zu helfen. Er erkannte sofort, dass ich eine Jüdin war. Bei ihm hätten wir Schutz finden können, genau wie diese Frau. Es war die Art wie er zu mir gesprochen hatte, seine primitive Art, die mir Angst einflößte. Es war schade, denn es hätte uns viele Gefahren, denen wir ausgesetzt waren, ersparen können. Dieser Mann sprach perfekt russisch. Ich setzte mich dafür ein, dass man ihn an meiner Stelle als Dolmetscher beschäftigen sollte, damit ich mit meinem Kind endlich nach Wilna heimkehren konnte.

Endlich hatte man uns befreit. Ich fing an Vorbereitungen zu treffen für unsere Abreise. Der Gutsherr gab mir gepökeltes Fleisch und Wurst mit auf den Weg. Außerdem einen Sack Kartoffeln, Mehl und Brot. Er sagte, es herrsche jetzt Hunger in

Wilna, und so gab er mir Proviant mit auf den Weg und zur Überbrückung der ersten Zeit bis wir uns zurechtgefunden hätten. Von der Wirtin bekamen wir warme Socken und von Ursula ein Kopftuch für mich und Terenia. Wir verabschiedeten uns herzlich von allen, beim Wirt und seiner Frau bedankte ich mich für alles. Vom Stab bekam ich ein Auto und einen Fahrer, er brachte uns zum Bahnhof in Tauroggen.

Am Bahnhof saßen Hunderte von Russen mit ihrem Gepäck und warteten auf den Zug, der nach Schaulen fuhr. Von dort sollte es weitergehen nach Wilna. Die Russen erzählten uns, dass sie bereits zwei Tage hier säßen und das es keinen Zug gäbe. Es fuhren nur Militärtransporte. Wir saßen bereits vierundzwanzig Stunden, da kam am Morgen ein Militärzug. Ich lief zum Kommandant und zeigte ihm den Brief. Nun kam ich aus dem Staunen nicht mehr heraus. Der Kommandant gab zwei Soldaten den Befehl, sie sollten unser Gepäck auf den Zug verladen. Die anderen Russen, die das sahen, liefen ebenfalls zum Zug und wollten mitfahren. Leider hatte man ihnen den Weg versperrt. Ich und mein Kind, wir waren endlich auf dem Weg nach Wilna. In der Nacht kamen wir nach Schaulen. Der Transport musste weiter. Ich rief den Soldaten zu: »Genossen, helft einer Frau und ihrem Kind!«

Gleich kamen zwei Soldaten und trugen unser Gepäck hinaus. Wir blieben über Nacht im Bahnhof. Ich wickelte mein Kind in eine Decke ein, ein Kissen hatte ich ebenfalls dabei, so legte ich sie darauf und saß die ganze Nacht dort und machte kein Auge zu. Morgens wurde mir klar, dass viele so wie wir auf ihrem Gepäck da saßen und warteten. Sie saßen alle da wie Hühner auf ihren Eiern und warteten. Ich ließ mein Kind eine Weile allein und lief, um warmes Wasser zu bekommen, um einen Tee zu machen. Bei einem Soldaten bekam ich für einen Rubel sogar Zucker. Als ich zurückkam, war das Kind schon wach. Ich nahm die Eier heraus, Wurst und Brot. Das Frühstück schmeckte uns außergewöhnlich gut. Wir wärmten langsam unsere Glieder. Ich bat um Auskunft, wann der nächste Zug ginge. Als Antwort bekam ich, dass es keine Züge gebe. Alle anderen warteten bereits seit vier Tagen. Wir übernachteten im

Bahnhof noch eine weitere Nacht, dann kam ein Militärzug an. Er war voller Militär, doch er hatte vier Waggons für die Evakuierten. Ich lief zum zuständigen Offizier und zeigte ihm den Brief. Sofort gab er mir ein paar Soldaten mit. Der Brief half mir auf Schritt und Tritt. Man trieb die Leute wie Hunde in die Waggons, zuerst die Mütter, die Kinder bis zu einem Alter von einem Jahr dabei haben. Doch wir hatten da schon unseren Platz gefunden.

Zusammen mit uns waren da noch etliche Familien mit Kindern. Ich dachte schon, dass wir viel Gepäck hätten. Dabei hatten wir noch am wenigsten. Im Wagen befand sich ein eiserner Ofen. Auf jedem Bahnsteig sammelten die Russen Holz und holten einige Eimer Wasser. Ich dachte, dass es kaum besser sein könnte. Doch die Freude war nicht von Dauer. Es befielen uns Läuse. Mein Kind hörte nicht auf, sich zu kratzen. Mir erging es genauso. Man konnte sich nicht ausziehen, da es im Wagen ziemlich kalt war. Nur in der Nähe des Ofens war es wärmer. Dort lagen bereits die Mütter mit ihren Babys. Es gab noch andere Kinder, 15–16-jährige Mädchen. Essen hatten wir genug, aber keinen Appetit. Wer denkt schon an Essen, wenn es am ganzen Körper juckt. Der Zug bewegte sich langsam wie eine Schildkröte. Er stand meist länger als er fuhr. Einmal, als der Zug Aufenthalt hatte in einem Bahnhof, kamen zwei Soldaten. Sie suchten Mädchen für »schöne Stunden«.

Ich rief ihnen mit Verachtung zu: »Schämt ihr euch nicht? Ihr seid russische Soldaten! Hier schlafen doch Kinder.« Da nahm einer von beiden einen vollen Eimer Wasser und schüttete ihn mir über den Kopf. Von meinem Geschrei und dem Geschrei der anderen sind die beiden dann abgehauen.

Ich war durch und durch nass. Die Frauen machten mir Platz neben dem Ofen. So konnte ich meine Sachen trocknen und nebenher noch eine Schar Läuse tilgen. In dieser Nacht konnten wir endlich einschlafen. Doch am Morgen bissen sie noch stärker als in der Nacht. Der ganze Waggon hatte sich in einen Kriegsschauplatz gegen die Läuseplage verwandelt. Normalerweise dauert eine Fahrt von Schaulen nach Wilna höchstens vier Stunden. Diese Fahrt jedoch dauerte zehn Tage.

Endlich in Wilna

Endlich kamen wir in Wilna an. Es stiegen ein paar Offiziere aus, mein Kind und ich. Die Offiziere fragten mich, wohin ich wolle. Ich antwortete, dass ich in Richtung Stadt wolle. Da halfen sie uns mit dem Gepäck und trugen es bis zum Bahnsteig. Nun sah ich mich um. Alles war zerbombt. Es war ein Gräuel. Die Zerstörung war unfassbar. Wir saßen auf der Treppe und ich wusste nicht, wie ich zur Tante gelangen sollte.

Ich war noch in Gedanken versunken, da sah ich einen Juden. Ich lief zu ihm hin und fragte ihn, ob sich in Wilna noch mehr Juden befänden. Er antwortete mir, dass sich das jüdische Komitee in der Deutscherstraße befände und es gäbe noch etwa 200 Juden in Wilna. Ich fragte ihn nach meiner Schwester Mizia, doch er hatte den Namen dieser Familie noch nie gehört. Als der Mann fort war, ging ich zurück zu meiner Tochter und dem Gepäck. Ich weinte bitterlich. Schon lange war mir nicht mehr so elend zumute gewesen. Ich hörte nicht auf zu weinen. Als meine Tochter das sah, nahm sie mich in den Arm und sagte: »Mama, du darfst jetzt nicht weinen. Die Deutschen sind verschwunden. Du wirst sehen, alles wird so, wie wir es uns wünschen. Du wirst Tante Mizia und Samek treffen.«

Da kam eine Droschke an und der Kutscher fragte mich: »Was weinst du? Was ist passiert?«

Ich sagte ihm, ich müsse nach Schiriniez, dem Ort, wo meine Tante Jannina vor dem Krieg gewohnt hätte. Er antwortete: »Eine Brücke ist jetzt nicht mehr da, wir können nur dahin durch Schnipischok. Für zweihundert Rubel fahre ich euch hin.«

Diese Summe hatte ich nicht mehr bei mir, doch der Kutscher war bereit, uns auch für weniger dorthin zu bringen. Wir fuhren durch die zerbombten Straßen und die ganze Zeit betete ich zu Gott, dass Janninas Haus noch da sei. Es war schon finster als tatsächlich Janninas Haus zum Vorschein kam. Ein helles Licht leuchtete durch die Fenster. Wir stiegen herunter von der Droschke und da sah ich Jannina auf dem Hof stehen und die Gänse füttern. Ich konnte mich kaum beherrschen und schrie: »Ziozia! (Tante!)«

Als sie mich sah, rief sie: »Jadwiga, wo ist das Kind?«

Ich zeigte auf die Droschke und sie rannte, als seien ihr Flügel gewachsen und nahm das Kind auf den Arm. Ich fragte sie, wo Mizia sei und sie antwortete, sie seien bei ihr. Ich lief ins Haus, in die Küche, da war Mizia im gelben Morgenrock. Wir fielen uns in die Arme. Man kann es nicht beschreiben, es war wie ein Traum. Wir hatten Angst, wach zu werden und alles wäre nur ein schöner Traum gewesen. Ein Wunder, dass die Wände nicht zusammenstürzten von unseren Freudenschreien. Wir konnten kaum begreifen, dass wir am Leben geblieben waren.

Als erstes zogen wir unsere verlausten und schmutzigen Sachen aus. Tante Jannina gab uns frische und warf die anderen nach draußen. Dann bereitete sie alles vor für ein Bad. Wir wurden entlaust und bekamen frische Nachthemden. Dann legten wir uns hinein in richtige frische, weiche Betten. Im Bett brachte man uns einen heißen Tee mit frischen Brötchen und Butter. Ich lag in diesem Bett wie im Traum. Ich kniff mich ständig, um mich zu vergewissern, dass alles echt war. Meine rechte Körperseite war schon ganz blau von all dem Kneifen. Ich wachte auf und es entsprach noch immer der Wirklichkeit.

Durch Mizias Erzählungen erfuhr ich, auf welche Weise sie sich gerettet hatten. Ich erfuhr auch von ihr, dass mein Schwager Jonas ein paar Tage vor der Befreiung erschossen wurde von der Gestapo. Am Morgen, nachdem wir uns ausgeruht hatten, wollte ich wissen, was aus den Schwestern im Kloster geworden sei. Sie hatten ihr Leben für uns riskiert. Ich fuhr zum Kloster und dort fand ich zwei Schwestern, Schwester Lucia und Schwester Benedikta. Von ihnen erfuhr ich, dass man zwei Tage zuvor die Oberin zu Grabe getragen hatte. Sie erzählten mir auch, dass Schwester Malbina im Gefängnis gestorben sei.

Die ganze Zeit nach der Befreiung waren wir mit Mizia und Samek zusammen. Für polnische Juden ergab sich damals die Möglichkeit, nach Polen zu fahren. So fuhren wir dorthin. Nach vielen Wanderungen sind wir 1948 nach Israel gelangt. Den Kontakt zu den Schwestern Lucia und Benedikta haben wir aufrechterhalten, indem wir ihnen gelegentlich Pakete mit Sachen und Orangen schickten. Eines Tages kam unser Brief zurück. Auf dem Umschlag war »Adresse unbekannt« vermerkt. Bis 1958 wussten wir nicht, was mit ihnen geschehen war. 1955 bekamen wir einen Brief von Janusch, dem Sohn von Tante Jannina, der uns mitteilte, dass sie gestorben sei. 1971 verstarb meine Schwester Mizia nach einer kurzen, schweren Krankheit. Das Schicksal meines Mannes erfuhr ich durch meine Freundin Esther Schkolnizky. Er war kurz vor der Befreiung ermordet worden. Meine Tochter absolvierte ein Studium als Erzieherin im Seminar Lewinsky. Sie heiratete und bekam zwei Kinder. Samek – heute heißt er Schmuel Bak – ist ein berühmter Künstler und in Israel sehr populär. Er hat eine Frau, drei Töchter und wohnt in Svion.

Noch in Polen heiratete ich Siegmund Rosenzweig, einen gebürtigen polnischen Juden aus Tschenstochau. Auch er ist ein Holocaust-Opfer. Er verlor seine Frau, einen Sohn und eine Tochter.

Viele Jahre sind seitdem vergangen. Mit der Zeit habe ich es geschafft, mein Leben in geordnete Bahnen zu lenken. Von Zeit zu Zeit grüble ich und denke an Wilna, mein Wilna. Denke an das Schöne und Bittere, das ich erlebt habe. Am besten hat es mein Neffe Schmuel Bak in seinen Bildern zum Ausdruck gebracht. In den Bildern kommen einerseits Gestalten mit zerschmetterten Gliedern vor, andererseits glückliche jüdische Gesichter. Bei meiner Wanderung über die verschiedenen Bilder bin ich stets auf der Suche nach dem, was uns abhanden gekommen ist. Ich komme zurück zu den Zeilen, die mein Neffe zum Andenken an seine Mutter schrieb, die nicht mehr unter uns weilt.

»Dieses Album ist meiner Mutter gewidmet. Eine Frau mit eisernem Willen und Lebenskraft. In den schweren Zeiten hatte sie es geschafft, mir Leben zu schenken und das nicht nur einmal.«

Dies war in Druckbuchstaben geschrieben. Am Rand fügte er mit seiner Handschrift hinzu:

»Dieses Album widme ich auch Jentele, mit Dankbarkeit für Deinen Optimismus und Deinen Humor, die mich mit Liebe begleitet haben viele Jahre meines Lebens.«

Ich weiß, wie ehrlich er es meinte. Ich denke, dass die Gräueltaten des Krieges meinen Humor zunichte gemacht haben.

Schmuel Baks Bilder schaue ich mir öfters an, weil sie auf eine eigenartige Weise meine Leidensgeschichte offenbaren, von der ich nur einen Teil in diesem Buch zu schildern versucht habe.

*   *   *

Worterklärungen

1. Pessach: (auch Passah) Fest zur Erinnerung an den Auszug aus Ägypten
2. Kiddusch: der Segen über den Wein
3. Schabbat: jüdischer Ruhetag. Er beginnt mit Einbruch der Dunkelheit am Freitag.
4. Mazze (auch Matzen): ungesäuertes Brot
5. Schicksen: nichtjüdische Mädchen

141

Tamars Eltern und die Großmutter väterlicherseits.

Tamars Onkel Jerachmiel wanderte vor dem Krieg nach Palästina aus.

Tamars Cousin Samuel Bak, der später ein bekannter Künstler wurde.

Tamar im Alter von ca. 3 Jahren.

Tante Jannina, bei der Tamar einige Zeit untergebracht wurde.

Die Äbtissin des Klosters, in dem sie sich versteckt hielten.

Preisverleihung: Jetta Schapiro-Rosenzweig erhält 1979 den Dwoschezki Preis. (Mitte Jetta Schapiro-Rosenzweig, rechts Tamar, links Siegmund Rosenzweig)

Zeitungskritiken zum Buch »Auch wir waren in Ponar«
(hebräische Fassung, in Israel herausgegeben)

Rezension der Zeitung Maariv 1979

Die Autorin Jetta Schapiro-Rosenzweig erzählt aus ihrer eigenen Perspektive über das florierende Leben in Wilna, die Eroberung durch die Sowjets 1939, dann durch die Deutschen – bis zur völligen Auflösung des Ghettos und die Befreiung. Mit natürlichem Talent schafft sie es, den Leser in ihre Bahnen zu locken. Es ist schwer, sich wieder davon zu lösen. Sie erzählt in ihrem Buch unter anderem über Menschen, die ihr Leben aufs Spiel gesetzt haben, um Juden zu retten ...

Wer in ihre Welt eindringen will, soll dieses Buch zu Hand nehmen ...

Rezension von Gideon Greif

... In dem Buch »Auch wir waren in Ponar« zeigt die Autorin Talent und Bereitschaft, sich zu öffnen. Auf eine spannende Art schreibt Jetta R. über die Geschehnisse im Ghetto Wilna und Ponar. Sie schafft es, eine schreckliche Epoche auf eine authentische und malerische Art zu beschreiben ...

Die Beziehung zu ihrer Tochter Tamar war für sie das Wichtigste im Leben und ihre Luft zum Atmen. Ihre kleine Tochter wurde im Schatten des Krieges geboren. Sie wurde gezwungen, ihre Kindheit in einer grausamen Welt zu verbringen. Wanderungen, Hungersnot, Todesangst und Schweigen nahmen den Platz von Spielsachen ein ...

»Makor Rischon«, Galili, Ramat-Gan 20.04.2001

Jedes Jahr, wenn der Holocaustag naht, erinnere ich mich an den Blumenladen auf der Habonimstraße in Ramat-Gan. Den Laden führte eine hübsche Blondine. Sie pflegte in schlechtem Hebräisch mit polnischem Akzent über ihre Reisen nach Deutschland zur Tochter zu erzählen. ...

Wir kannten uns kaum, als sie mir eines Tages eröffnete, dass sie ein Buch schrieb ... Mir kam das seltsam vor, dass sie ein Buch schrieb. Bis eines Tages ihr Ehemann vor unserer Tür stand und uns einlud, anwesend zu sein beim Empfang anläßlich der Veröffentlichung ihres Buches »Auch wir waren in Ponar« ...

Auf einmal wurde mir klar, dass Frau R. den Holocaust miterlebt hatte. Sie hatte sich und ihre Tochter retten können. Sie beschreibt in dem Buch eine wunderbare Episode, als sie mit ihrem Kind in einer Hundehütte Schutz fand und so ihrer beider Leben retten konnte ...